财政部"十三五"规划教材

金融经济实验系列教材

# 金融计算实验

## ——基于 MATLAB 编程

马孝先 **主 编**

石 晓 **副主编**

中国财经出版传媒集团

经济科学出版社

Economic Science Press

**图书在版编目（CIP）数据**

金融计算实验：基于 MATLAB 编程/马孝先主编．
—北京：经济科学出版社，2018.5（2020.1 重印）
ISBN 978 - 7 - 5141 - 9174 - 5

Ⅰ．①金…　Ⅱ．①马…　Ⅲ．①Matlab 软件 - 应用 -
金融 - 计算方法　Ⅳ．①F830.49

中国版本图书馆 CIP 数据核字（2018）第 064414 号

责任编辑：于海汛
责任校对：靳玉环
责任印制：李　鹏

**金融计算实验**
——基于 MATLAB 编程
马孝先　主　编
石　晓　副主编
经济科学出版社出版、发行　新华书店经销
社址：北京市海淀区阜成路甲 28 号　邮编：100142
总编部电话：010 - 88191217　发行部电话：010 - 88191522
网址：www. esp. com. cn
电子邮件：esp@ esp. com. cn
天猫网店：经济科学出版社旗舰店
网址：http：//jjkxcbs. tmall. com
北京密兴印刷有限公司印装
787×1092　16 开　13 印张　240000 字
2018 年 5 月第 1 版　2020 年 1 月第 2 次印刷
印数：2501—5500 册
ISBN 978 - 7 - 5141 - 9174 - 5　定价：35. 00 元
（图书出现印装问题，本社负责调换。电话：010 - 88191510）
（版权所有　侵权必究　举报电话：010 - 88191586
电子邮箱：dbts@ esp. com. cn）

# 前　言

## 一、编写背景

国家要求高等学校要把建立和完善实践教学体系，作为提高教学质量的重要内容。根据教育部和省教育厅关于质量工程、实践教学体系的要求，如何改进现有的教学模式，给学生创造更多的实践机会和提高职业技能，培养学生的动手能力和自主创新能力，使之成为能够尽快适应社会环境的合格毕业生，是高等教育教学改革的一个重要方向。规划出版金融综合实验系列教程就是在满足高等学校财经教学改革的客观需求，寻求金融信息化、金融科技化与金融实务的对接，实现金融理论模型方法学习与问题设计验证计量的融合贯通等方面作出的一些尝试与探索。《金融计算实验》以金融市场学、金融工程、投资学等课程介绍的理论与模型为出发点，在量化交易、程序化交易的大背景下，进行金融实例计算实验，从理论模型的验证、问题解决方法的实操等方面来提高对金融知识的深入学习与掌握。

## 二、内容简介

《金融计算实验》以 MATLAB 计算软件作为应用平台，要求读者具有金融学基本理论知识。全书分为八个部分：第一部分为金融计算的 MATLAB 基础，包括实验一和实验二；第二部分为固定收益证券的计算实验，包括实验三和实验四；第三部分为金融数据处理与价格模拟实验，包括实验五和实验六；第四部分为证券投资技术指标设计实验，包括实验七；第五部分为投资组合计算实验，包括实验八和实验九；第六部分为期权定价计算实验，包括实验十和实验十一；第七部分为在险价值 VaR 的计算实验，包括实验十二；第八部分为金融优化计算实验，包括实验十三和实验十四。

每个实验一般由四个部分组成：实验目的与要求、实验准备知识、实验内容与步骤、实验编程与结果等。

### 三、教材特色

《金融计算实验》可使读者在掌握现代金融基础知识和理论的基础上，培养其运用数理方法和计算技术研究金融问题的能力，为将来从事相关工作奠定基础。针对金融专业开设的理论课程，《金融计算实验》每部分对应一个金融方面的专题，各部分内容相互独立，理论与实际相结合。既包含了相关的金融理论、模型和思想，又能利用MATLAB金融工具箱、金融衍生工具箱、固定收益工具箱、金融时间序列工具箱等工具箱中的内嵌函数，将抽象的金融模型通过MATLAB的数据处理和图形形式来加以解释、验证和求解，旨在使读者既熟悉当前的金融理论、模型和思想，又能够熟练使用MATLAB软件来处理经济金融中的定量计算与分析问题。每个实验给出了算法和程序。实验计算程序精心设计，思路清晰，便于读者参考学习。

### 四、适用范围

本书适用于国内财经类本科院校经济与管理类专业的学生和具有同等文化程度的自学者，以本科生为主；也可供研究生班学员、MBA学员使用；还可供广大实际经济工作者自学参考。尤其适合财经类本科专业的高年级学生等读者使用。

本书由马孝先老师统筹与规划，其中第一章、第二章、第三章、第八章由石晓老师执笔，马孝先老师对全书进行了修改和统稿。

本书在编写过程中参阅、引用了有关著作和教材，在此对所有相关人员表示衷心的感谢！

为方便教师教学，本书配有内容丰富的教学资源包，包括精致的电子课件、典型案例、程序编码等，感兴趣读者可以向出版社索取。

由于编者的水平和经验有限，书中难免有纰漏，恳请同行及读者斧正。

编　者

2017 年 10 月 22 日于泉城

# 目　录

# 第一章
# MATLAB 计算环境设置与金融工具箱

**【实验目的与要求】**

◇ 掌握 MATLAB 常用的六个窗口操作；

◇ 实验环境设置；

◇ 常用金融工具箱。

## 第一节　实验准备知识

## 一、MATLAB 的发展历程

对于金融市场波动逻辑和规律的认知，是一个极具挑战性的世界级难题。迄今为止，MATLAB 由 Matrix 和 Laboratory 两个词的前三个字母组合而成，意为"矩阵实验室"。20 世纪 70 年代后期，为减轻学生编程负担，时任美国新墨西哥大学计算机科学系主任的克里夫·莫勒尔（Cleve Moler）教授编写了 MATLAB，受到了学生的广泛欢迎。20 世纪 80 年代初期，莫勒尔和克·李特（Jack Little）、史蒂夫·班格特（Steve Bangert）合作，三人一起组建了 MathWorks 软件开发公司，并把 MATLAB 推向市场。自 1984 年推出的第一个 MAT-LAB 商业版本，其内核就用 C 语言编写。此后，除其原有的数值计算能力外，还添加了图形图像处理、多媒体、符号运算以及与其他流行软件的接口功能，使得其功能日渐强大。

MathWorks 公司推出 MATLAB 后，又于 1992 年推出了基于 Windows 平台的 MATLAB 4.0。之后的每年又陆续推出了改进和提高版本，其功能在原有的基础上不断有进一步的改进。如今，MATLAB 已经推出了40个版本，从 7.2 版本开始，版本编号以年份来命名，每年的 3 月和 9 月推出当年的 a 和 b 版本。目前的最新版本是 MATLAB 2014b，而且从 2014a 版本开始，MATLAB 界面开始支持中文。

自 20 世纪 90 年代起，MATLAB 的学习就已被各著名大学列入本科生和研究生的教学计划。经过 30 余年的研究和不断完善，MAT-LAB 现已成为国际上最为流行的科学计算与工程计算软件工具之一，被广泛地应用在控制系统设计与分析、图像处理、信号处理与通讯、金融建模和分析等众多领域。

## 二、MATLAB 优点

MATLAB 在学术界和工程界广受欢迎，其主要优势和特点有如下几个方面。

### （一）工作平台和编程环境

MATLAB 由一系列工具组成，其中许多工具采用的是图形用户界面，包括 MATLAB 桌面和命令窗口、历史命令窗口、编辑器和调试器、路径搜索和用于用户浏览帮助、工作空间、文件的浏览器。这些图形化的工具方便用户使用 MATLAB 的函数和文件。

随着 MATLAB 的商业化及软件本身的不断升级，MATLAB 用户界面也越来越精致，更加接近 Windows 的标准界面，人机交互性更强，操作更简单。

同时，MATLAB 提供了完整的联机查询、帮助系统，极大地方便了用户的使用。

MATLAB 简单的编程环境提供了比较完备的调试系统，程序不必经过编译就可以直接运行，而且能够及时地报告出现的错误并进行出错原因分析。

### （二）简单易用的编程语言

MATLAB 语言是一种高级的矩阵语言，它包含控制语句、函数、数据结构、输入和输出和面向对象编程特点。用户可以在命令窗口中将输入语句和执行命令同步，也可以先编好一个较大的复杂的应用程序（M 文件）后再一起运行。

MATLAB 语言是基于流行的 C＋＋语言基础上的，因此语法特征与 C＋＋语言极为相似，而且更加简单，更加符合科技人员对数学表达式的书写格式，更利于非计算机专业的科技人员使用。而且这种语言可移植性好、可扩展性强，这也是 MATLAB 能够深入到科学研究及工程计算各个领域的重要原因。

### （三）强大的科学计算机数据处理能力

MATLAB是一个包含大量计算算法的集合，拥有600多个工程中要用到的数学运算函数，可以方便地实现用户所需的各种计算功能。

这些函数集包括最简单、最基本的函数到诸如矩阵、特征向量、快速傅里叶变换等复杂函数。

函数所能解决的问题大致包括矩阵运算和线性方程组的求解、微分方程及偏微分方程组的求解、符号运算、傅里叶变换和数据的统计分析、工程中的优化问题、稀疏矩阵运算、复数的各种运算、三角函数和其他初等数学运算、多维数组操作及建模动态仿真等。

函数中所使用的算法都是科研和工程计算中的最新研究成果，而且经过了各种优化和容错处理。

在通常情况下，可以用MATLAB来代替底层编程语言，如C和C++。在计算要求相同的情况下，使用MATLAB编程的工作量会大大减少。

### （四）出色的图形处理功能

MATLAB自产生之日起就具有方便的数据可视化功能，能够将向量和矩阵用图形的形式表现出来，并且可以对图形进行标注和打印。

高层次的作图包括二维和三维的可视化、图像处理、动画和表达式作图，可用于科学计算和工程绘图。

MATLAB对整个图形处理功能进行了很大的改进和完善，使它不仅在一般数据可视化软件中都具有的功能（如二维曲线和三维曲面的绘制和处理等）方面更加完善，而且对于一些其他软件所没有的功能（如图形的光照处理、色度处理及思维数据的表现等），MAT-LAB同样表现出了出色的处理能力。

同时对一些特殊的可视化要求，例如图形对话等，MATLAB也有相应的功能函数，保证了用户不同层次的要求。MATLAB还着重在图形用户界面（GUI）的制作上做出了很大的改善，对这方面有特殊要求的用户也可以得到满足。

### （五）应用广泛的模块集和工具箱

MATLAB对许多专门的领域都开发了功能强大的模块集和工具箱。一般来说，它们都是由特定领域的专家开发的，用户可以直接使用工具箱学习、应用和评估不同的方法而不需要自己编写代码。

目前，MATLAB已经把工具箱延伸到了科学研究和工程应用的诸多领域，如金融计算、概率统计、最优化计算、样条拟合、偏微分方程求解、神经网络、小波分析等，都在工具箱（Toolboxes）家族中有了自己的一席之地。

### （六）实用的程序接口和发布平台

MATLAB 可以利用 MATLAB 编辑器和 C/C＋＋数学库和图形库将自己的 MATLAB 程序自动转换为独立于 MATLAB 运行的 C 和 C＋＋代码。允许用户编写可以和 MATLAB 进行交互的 C 或 C＋＋语言程序。另外，MATLAB 网页服务程序还容许在 Web 应用中使用自己的 MATLAB 数学和图形程序。

## 三、常用 MATLAB 金融工具箱

MATLAB 的金融工具箱是一个函数库，每个函数就是一个金融问题的解决方案，如果把这些函数组合起来就变成一个程序，把程序集结起来就变成一个模块和系统。图 1 - 1 显示了 MATLAB 中的工具箱。

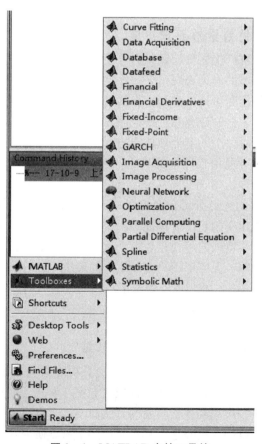

图 1 - 1　MATLAB 中的工具箱

### （一） 金融工具箱 （Financial Toolbox）

该工具箱为 MATLAB 自带金融工具箱，具有下列功能：

◆日期数据处理；

◆资产均值－方差分析；

◆时间序列分析；

◆固定收益计算；

◆有价证券的收益和价格；

◆统计分析；

◆定价和灵敏度分析；

◆年金；

◆抵押支持债券。

### （二） 金融衍生品工具箱 （Financial Derivatives Toolbox）

Financial Derivatives Toolbox 是金融衍生品工具箱，用于固定收益、金融衍生品以及风险投资分析，也可以用于各种金融衍生品定价策略以及敏感度分析。

### （三） 金融时间序列工具箱 （Financial Time Series Toolbox）

该工具箱用于分析金融市场的时间序列数据。金融数据是时间序列数据，如股票价格或每天的利息波动，可以用该工具箱进行更加直观的数据管理。该工具箱支持下列功能：①提供两种创建金融时间序列的对象（用构造器和转换文本文件）；②可视化金融时间序列的对象；③技术分析（投资）。

### （四） 固定收益工具箱 （Fixed－Income Toolbox）

Fixed－Income Toolbox 扩展了 MATLAB 在金融财经方面的应用，可以用固定收益模型进行计算，如定价、收益和现金流动等有价证券的固定收益计算。支持的固定收益类型包括有价证券抵押回报、社会债券和保证金等。该工具箱还能够处理相应金融衍生物的计算，支持抵押回收有价证券、国债和可转换债券等的计算。

### （五） 异质条件变异数自我回归工具箱 （GARCH Toolbox）

Garch Toolbox 提供了一个集成计算环境，允许对单变量金融时序数据的易变性进行建模。Garch Toolbox 使用一个广义 ARMAX/GARCH 复合模型对带有条件异方差的金融时序数据进行仿真、预测和参数识别。

Garch Toolbox 提供了基本工具为单变量广义自回归条件异方差 GARCH（Generalized Auto Regressive Conditional Heteroskedasticity）易变性进行建模。Garch Toolbox 采用单变量 GARCH 模型对金融市场中的变化性进行分析。

上述工具箱基本上囊括了通常的金融计算，适用于金融学术研究，特别适合金融事务工作者进行金融计算。Financial Toolbox 提供了一个基于 MATLAB 的财务分析支撑环境，可以完成许多种财务分析统计任务；从简单计算到全面的分布式应用，财务工具箱都能够用来进行证券定价、资产组合收益分析、偏差分析和优化业务量等工作。

### （六）Statistics Toolbox

Statistics Toolbox 是统计工具箱，具有下列功能：

◆统计量计算；

◆参数估计；

◆假设检验；

◆方差分析和回归分析。

### （七）Optimization Toolbox

Optimization Toolbox 是最优工具箱，具有下列功能：

◆线性规划和二次规划；

◆求函数的最大值和最小值；

◆多目标优化；

◆约束条件下的优化；

◆非线性方程求解。

## 第二节　MATLAB 的窗口

以 Windows 操作系统为例，进入 Windows 后，选择"开始"→"程序"→"MATLAB"，就可以启动 MATLAB。如果安装时已选择在桌面建立了快捷方式，也可以双击快捷方式直接启动。

退出 MATLAB 系统时，在 File 主菜单项中选择"Exit MATLAB"即可，也可在命令窗口输入"exit"，或者用鼠标单击窗口右上角的关闭图标。

进入 MATLAB 系统之后就可以看到 MATLAB 的默认主窗口，如

图 1-2 所示。MATLAB 主窗口是 MATLAB 的主要工作界面。主窗口中嵌入了命令窗口（Command Window）、命令历史记录窗口（Current History）、当前目录窗口（Current Directory）与工作空间窗口（Workspace）。除这些子窗口外，主窗口还包括 M 文件编辑/调试器和帮助窗口。

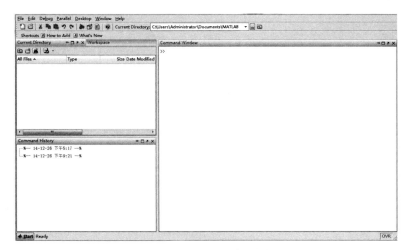

图 1-2　MATLAB 默认主窗口

## 一、命令窗口

命令窗口是主要工作窗口，如图 1-3 所示。命令窗口可供用户输入命令和数据，并显示命令执行的结果。当 MATLAB 启动完成，命令窗口显示以后，窗口处于准备编状态。符号"＞＞"为运算提示符，说明系统处于准备状态。当用户在提示符后输入表达按回车键之后，系统将给出运算结果，然后继续处于系统准备状态。

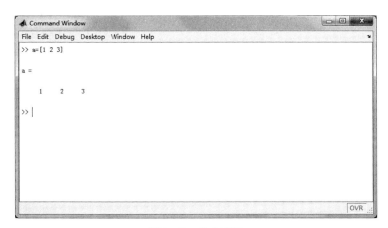

图 1-3　命令窗口

用户可以在命令窗口中输入特定的命令，以执行相应的操作。下面将列举命令窗口中常用的命令及功能，如表 1 - 1 所示。

表 1 - 1 命令窗口中常用的命令及功能

| 命令 | 功能 |
| --- | --- |
| clc | 擦去一页命令窗口，光标回屏幕左上角 |
| clear | 清除工作空间中所有的变量 |
| Clear all | 从工作空间清除所有变量和函数 |
| Delete < 文件名 > | 从磁盘中删除制定文件 |
| Help < 命令名 > | 查询所列命令的帮助信息 |
| "↑" 或 "Ctrl + P" | 调用上一次的命令 |
| "↓" 或 "Ctrl + N" | 调用下一行的命令 |
| "←" 或 "Ctrl + B" | 退后一格 |
| "→" 或 "Ctrl + F" | 前移一格 |
| "Ctrl + K" | 清除光标至行尾字 |
| "Ctrl + C" | 中断程序运行 |

## 二、命令历史记录窗口

命令历史记录窗口（见图 1 - 4）在默认情况下，会保留自安装以来所有执行过命令的历史记录，并详细记录命令使用的日期和时间，为用户提供所使用的命令的详细查询，所有保留的命令都可以单击后执行。

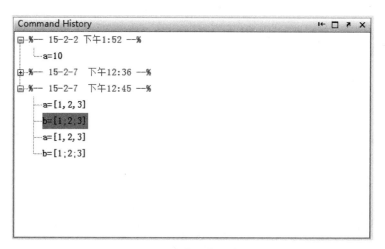

图 1 - 4 命令历史记录窗口

## 三、当前目录窗口

当前目录窗口（见图1-5）的主要功能是显示或改变当前目录，不仅可以显示当前目录下的文件，而且还可以提供搜索。通过上面的目录选择下拉菜单，用户可以轻松地选择已经访问过的目录。单击右侧的按钮，可以打开路径选择对话框，在这里用户可以设置和添加路径，也可以通过上面一行超链接来改变路径。

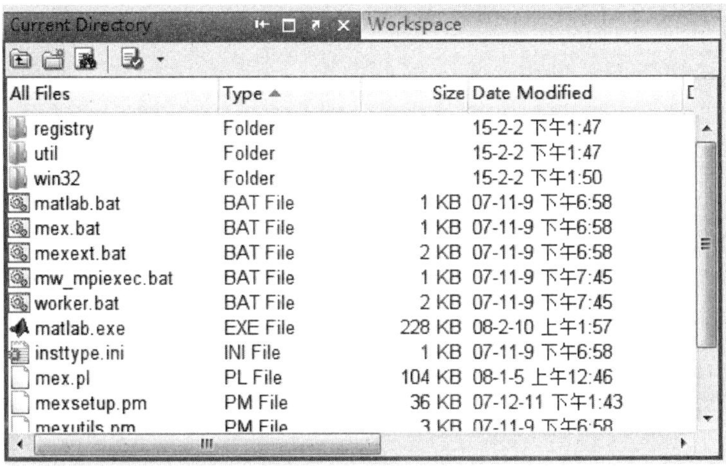

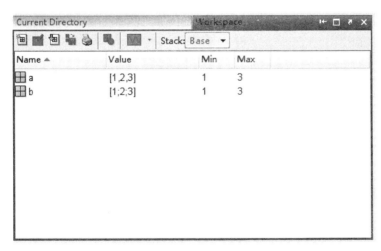

图1-5 当前目录窗口

## 四、工作空间窗口

工作空间窗口（见图1-6）是MATLAB的一个重要组成部分。

图1-6 工作空间窗口

该窗口的显示功能有显示目前存中存放的变量名、变量存储数据的维数、变量存储的字节数、变量类型说明等。工作空间窗口有自己的工具条，按钮的功能从左至右依次新建变量、打开选择的变量、载入数据文件、保存、打印和删除等。

## 五、M 文件编辑/调试器

将 MATLAB 语句按特定的顺序组合在一起就得到了 MATLAB 程序，其文件名的后缀为".m"，因此也称为 M 文件。MATLAB 提供了 M 文件的专用编辑/调试器，如图 1 - 7 所示。在编译器中，会以不同的颜色表示不同的内容：命令、关键字、不完整字符串、完整字符串以及其他文本，这样就可以发现输入错误，缩短调试时间。

点击"File"菜单，选择"New"→"M - File"，就可以新建一个 M 文件。

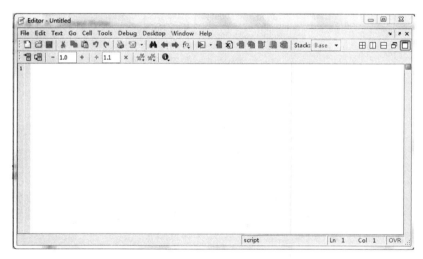

**图 1 - 7　M 文件的专用编辑/调试器**

## 六、帮助窗口

MATLAB 的帮助系统主要包括三大系统：联机帮助系统、联机演示系统、命令窗口查询系统，用户可根据需要选择任何一个帮助系统寻求帮助（见图 1 - 8）。

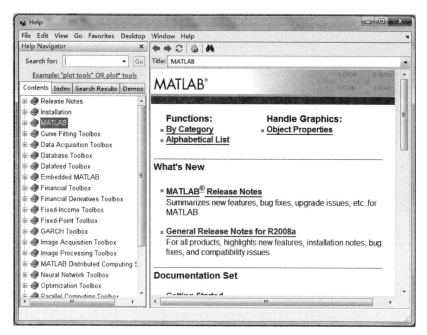

图1-8　帮助窗口

## 第三节　实验内容与步骤

MATLAB 的环境设置包括设置文件保存的位置、当前目录以及其他格式偏好设置。实验中常用的是文件保存位置设置和当前目录设置。

### 一、文件保存位置设置

点击"File"菜单，选择"Set Path"选项，进入"Set Path"窗口。点击"Add with Subfolders..."，选择相应的文件夹后，依次点击"Save""Close"，就可完成文件保存位置的设置（见图1-9）。

### 二、当前目录设置

点击主窗口中的"Current Directory"下拉菜单，选择文件保存的位置，就完成的当前目录的设置（见图1-10）。

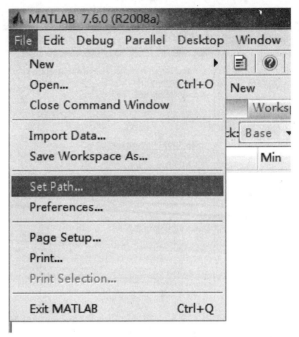

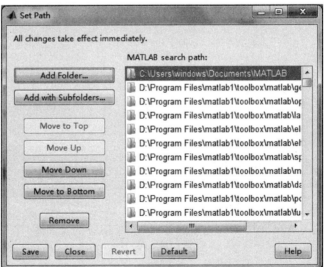

图1-9 文件保存位置设置

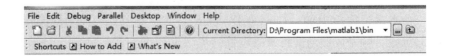

图 1 – 10 当前目录设置

## 三、格式偏好设置

其他的格式偏好，用户可以点击"File"菜单，选择"Preferences..."选项，进入"Preferences"窗口。在该窗口可以对字体、颜色等进行设置，设置之后点击"OK"。

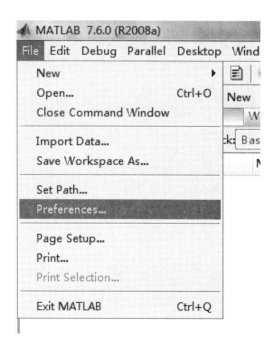

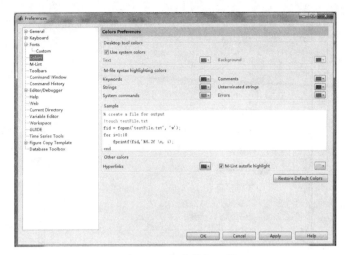

图 1 – 11　格式偏好设置

**本章小结**

（1）MATLAB 现为国际上最为流行的科学计算与工程计算软件工具之一，被广泛地应用在控制系统设计与分析、图像处理、信号处理与通信、金融建模和分析等众多领域。在金融领域，经常用到金融工具箱。MATLAB 的金融工具箱是一个函数库，每个函数就是一个金融问题的解决方案，如果把这些函数组合起来就变成一个程序，把程序集结起来就变成一个模块和系统。

（2）运用 MATLAB 要熟悉 MATLAB 的窗口。MATLAB 主窗口是MATLAB 的主要工作界面。主窗口中嵌入了命令窗口（Command Window）、命令历史记录窗口（Command History）、当前目录窗口（Current Directory）与工作空间窗口（Workspace）。除这些子窗口外，主窗口还包括 M 文件编辑/调试器和帮助窗口。

**复习思考题**

1. 熟悉 MATLAB 窗口的多个界面。

2. 列举 MATLAB 金融工具箱内容。

3. 查找 MATLAB 相关网站，学习如何使用 MATLAB 金融工具箱。

# 第二章
# MATLAB 基础计算实验

【实验目的与要求】

◇变量的定义与赋值；

◇向量及矩阵计算；

◇逻辑运算与控制语句。

## 第一节　MATLAB 基础计算实验基础知识

MATLAB 是一门功能强大、非常简单易学的计算语言，它的运算指令和语法基于一系列基本的矩阵运算及它们的扩展运算，比 C/C++、C#、Java 等主流高级语言更简单、更好学，这也是 MATLAB 区别于其他高级语言的最大特点之一，它给金融领域的计算带来了极大的方便。

## 一、数据类型

MATLAB 数据类型主要包括数字、字符串、向量、矩阵等。下面详细介绍这几种数据类型。

MATLAB 中变量的命名原则如下：

（1）变量名大小写代表不同变量。

（2）变量名长度不超过 31 位，31 位后面的字符被忽略。

（3）变量名必须以字母开头，变量名中可以有字母、数字、下划线，但不能有标点符号。

在 MATLAB 中变量分为局部变量与全局变量，全局变量在主程序与函数文件中有效，局部变量仅在函数文件中有效。如果定义全局变量，则需要对变量事先进行声明，编程时，在变量前面加上单词

global。

在 MATLAB 中还有一些内部定义变量，例如，pi 表示圆周率，NaN 表示不确定值（根据国际电子和电器行业协会（IEEE）制定的标准，含义是 Not a Number），eps 表示浮点运算相对精度为 $10^{-52}$，Inf 表示无穷大，Realmax 表示最大正浮点数 $2^{1023}$，Realmin 表示最小正浮点数 $2^{-1022}$。

## （一）数字变量

在 MATLAB 中一般代数表达式可以直接在提示符下演算，非常方便，如四则运算符号可以直接用 +、-、*、/，因此 MATLAB 被称为演算纸式科学计算语言。

对于简单数字运算，可以直接在 Command 窗口中以惯用形式输入，如计算 $23 \times 45$，可以在窗口中直接执行命令。

计算结果自动保存在变量 ans（MATLAB 自动生成变量 ans 保存运算结果）中。如果表达式后面是分号，计算的结果不显示在屏幕上，这样可以加快运算速度。计算结果如下：

```
>>23*45

ans =

    1035
```

在 MATLAB 中数值有多种显示格式，在默认情况下，如果数据为整数，则以整型表示；如果数据为实数，则保留小数点后面 4 位浮点型表示。MATLAB 中的所有数据按照 IEEE 浮点标准所规定的长型格式存储，数值有效范围是 $10^{-308} \sim 10^{308}$。

MATLAB 输入格式完全继承了 C 语言风格，如正负号、小数点和科学计数法等。

MATLAB 输出格式可由 format 函数控制。format 函数主要功能是控制变量输出形式，其内容如表 2-1 所示。

表 2-1　　　　　　　　format 函数内容

| 指令 | 含义 | 举例 |
| --- | --- | --- |
| format short 或 format（缺省格式） | 保证小数点后 4 位有效数字，最多不超 7 位；超 1000 的实数用 5 位有效数字的科学记数法 | 314.159 = >314.1590<br>3141.59 = >3.1416e+003 |
| format long | 15 位数字表示 | 3.14159265358979 |
| format short e | 5 位科学记数法 | 3.1416e+00 |
| format long e | 15 位科学记数法 | 3.14159265358979e+000 |

| 指令 | 含义 | 举例 |
|---|---|---|
| format short g | 从 format short 和 format short e 中自动选择 | |
| format long g | 从 format long 和 format long e 中自动选择 | |
| format rat | 近似有理数表示 | 3. 14159 = >355/113 |
| format hex | 十六进制表示 | 400921fb54442d18 |
| format + | 显示大矩阵用。正数、负数、零分别用 + , - , 空格表示。 | |
| format bank | （金融）元、角、分表示（2 位小数） | 13 = >13. 00 |
| format compact | 显示变量之间没有空行 | |
| format loose | 在显示变量之间有空行 | |

下面以 sqrt(5) 为例说明 format 的运用。代码及结果如下：
```
>> a = sqrt(5)    % 对 5 开根号

a =

    2.2361
```
```
>> format short;a    % 变量 a 以 format short 格式输出，即保证小
                       数点后 4 位有效数字。

a =

    2.2361
```
```
>> format long;a    % 变量 a 以 format long 格式输出，即以 15 位
                      数字表示。

a =

   2.236067977499790
```
```
>> format bank;a    % 变量 a 以 format bank 格式输出，即以（金
                      融）元、角、分表示（2 位小数）

a =

        2.24
```
```
>> format + ;a    % 变量 a 以 format + 格式输出，即：正数、负数、
                    零分别用 + , - , 空格表示。

a =

+
```
```
>> format long e;a    % 变量 a 以 format long e 格式输出，即以 15
```

位科学计数法表示。

a =

2.236067977499790e + 000

>> format short g；a    % 变量 a 以 format Short 和 format Short e 中自
动选择输出格式。

a =

2.2361

## （二）字符串及赋值

字符串运算是高级语言不可缺少的部分，MATLAB 字符串运算功能是非常丰富的，特别是增加了符号运算工具箱（Symbolic Math Toolbox）之后，字符串函数运算功能大大加强，成为 MATLAB 符号运算表达式基本单元。

MATLAB 可以直接对字符串进行赋值，或者调用 char 函数赋值，如以下代码及其结果所示：

>> a = 'hello'

a =

hello

>> a = char ('h', 'e', 'l', 'l', 'o');

>> a = a'

a =

hello

## （三）向量矩阵的输入

在进行金融分析的过程中需要牵涉到大量金融数据的计算（如对一个具有不同价格和收益率的证券组合进行分析）。在 MATLAB 中，处理金融问题时主要使用矩阵、向量、字符串和标量（即单个的数）作为输入、输出变量。向量只有一行或一列，可看作 1 行 n 列（$1 \times n$）或 m 行 1 列（$m \times 1$）矩阵。字符串是用单撇号括起来的字符序列，MATLAB 也可将字符串当作一个向量，每一个元素对应一个字符，其标识方法和数值向量相同，也可以建立多行字符串矩阵。这里要求各行字符串必须有相同的长度，也就是字符数要相等。字符串是以 ASCII 码形式存储的，每一个元素都对应一个 ASCII 码；而标量是一个数，可看作一个 $1 \times 1$ 的矩阵。

1. 数的输入

数的输入代码及结果如下所示：

>> r = 0.6　　% 输入数值

r = 0.6

说明：（1）ans 是系统本身的一个特殊变量名，若运算结果没有赋予任何变量，系统就会自动将其赋予 ans。

（2）% 后面的文字是对该行命令的注释，实际中不参与运算，不必输入，但输入后对运算也没有任何影响。

（3）在命令行尾加"；"则不显示该行的结果；若在行尾加"，"或不加标点，则显示该行结果。

（4）注意：所有 MATLAB 命令中的标点符号必须在英文状态下输入。

2. 向量的输入

输入某个现金流向量的程序代码及结果如下所示：

>> Cash = [1500, 4470, 5280, -1299]　　% 元素之间用逗号或空格隔
　　　　　　　　　　　　　　　　　　　　　开，数字全在括号 [] 内

Cash =

　　　　　1500　　　　4470　　　　5280　　　　-1299

说明：MATLAB 命令书写格式灵活，既可以多个命令写在一行，也可以一个命令写在多行。但同一行中的命令之间需用逗号或分号隔开，命令较长一行不够时，可用"…"续行，如：[PortRisk, PortRe-turn, PortWts] = portopt(ExpReturn, ExpCovariance, …, NumPorts)

3. 矩阵的输入

输入具有不同面值、息票率、每年的息票偿付周期的两个债券的相关数据，其中，债券按行排列，面值、息票率、每年的息票偿付周期等按列排列。

>> Bonds = [1000 0.06 2;500 0.055 4]

Bonds =

　　　　　1000　　　　0.06　　　　　　2
　　　　　500　　　　　0.055　　　　　4

上述矩阵是一个 2 × 3 矩阵。

## 二、变量的存储和调用

MATLAB 命令窗口中已有的变量如果不做保存处理，则在退出后将不复存在。要保存变量值，需在退出 MATLAB 之前使用 save 命令将变量连同其值一起储存在数据文件中。例如，输入以下代码指令的结果：

>> Cash = [1500, 4470, 5280, -1299];save

19

Saving to：MATLAB. mat

则系统会提示你所有变量及数据都已存入 MATLAB. mat 文件。退出 MATLAB 后再次启动时，可以使用 load 指令从 MATLAB. mat 文件中调出。

## 三、变量查询与删除

使用 whos 命令可列出命令窗口中所有变量的名称、大小、字节数、数组的维数等。如果命令窗口中的有些变量不再使用，则可以用 clear 命令来清除。例如：

&gt;&gt; Cash = [1500,4470,5280, − 1299]；

&gt;&gt; Bonds = [1000,0. 06,2；500,0. 055,4]；

&gt;&gt; whos

| Name | Size | Bytes | Class | Attributes |
|------|------|-------|-------|------------|
| Bonds | 2 ×3 | 48 | double | |
| Cash | 1 ×4 | 32 | double | |

注：以上结果没有显示变量的属性（Attributes）。如果想让变量的属性（Attributes）显示，还需调用 Function 函数来实现。

若接着输入命令：

&gt;&gt; clear Cash Bonds

结果上面两个变量 Cash 和 Bonds 及其数据就被清除了，如果再输入命令：

&gt;&gt; Cash

则会输出结果：

Undefined function or variable 'cash'   % 此命令显示为红色

红字显示则表明 Cash 这个变量已经不存在。

注意：单独的 clear 命令要慎用，使用它将会清除命令窗口中已经存在的所有变量。

## 第二节　数、向量及矩阵的运算

### 一、矩阵元素定位

我们可用（行、列）符号来确定矩阵中给定位置的元素。例如，想要知道债券矩阵中第一个债券的息票率，即债券矩阵元素定位。

输入以下指令：

>> Bonds = [1000,0.06,2;500,0.055,4];

>> Bonds(1,2)

输出结果：

ans = 0.06

我们也可以用小矩阵或者向量作为元素来产生大矩阵。例如，输入以下指令：

>> Bonds = [1000,0.06,2;500,0.055,4];

>> AddBond = [100,0.065,2];　%新加入的债券向量

>> Bonds = [Bonds;AddBond]

输出结果为：

Bonds =

| 1000 | 0.06 | 2 |
| 500 | 0.055 | 4 |
| 100 | 0.065 | 2 |

这就是在前面的债券矩阵中加入新的债券向量后所产生的大矩阵。

同样地，可以在上面得到的大债券矩阵中继续加入债券的价格向量而构造出新的更大的矩阵，例如：

>> Bonds = [1000,0.06,2;500,0.055,4];

>> AddBond = [100,0.065,2];　%新加入的债券向量

>> Bonds = [Bonds;AddBond];

>> Prices = [987.5,475.5,995];

>> Bonds = [Prices;Bonds]

输出结果为：

Bonds =

| 987.5 | 475.5 | 995 |
| 1000 | 0.06 | 2 |
| 500 | 0.055 | 4 |
| 100 | 0.065 | 2 |

另外，在产生和定位矩阵中的元素时，使用"："很重要。

例如，为了对前面的债券矩阵中的第3个债券的面值、息票率和息票支付频率进行定位，输入命令：

>> BondItems = Bonds(3,2:4)

则上面大矩阵中第3行第2列至第4列的元素输出结果：

BondItems =

0.065　2

这就是一开始的债券矩阵中的第 2 个债券的面值、息票率、每年的息票支付周期等相关数据。

## 二、特殊矩阵生成函数

在金融计算与分析中，常常需要用到一些特殊的矩阵，列举几个如下：

A = eye(n)　　% 产生单位矩阵

A = ones(n,m)　　% 产生 1 矩阵

A = zeros(n,m)　　% 产生 0 矩阵

A = rand(n,m)　　% 产生随机矩阵（元素均在 0 ~ 1 之间）

A = randn(n,m)　　% 产生正态分布随机矩阵

## 三、矩阵的运算

矩阵有多重运算，其运算符如表 2 - 2 所示。

表 2 - 2　　　　　　　　　　矩阵的各种运算

| 运算 | 符号 | 说明 |
|---|---|---|
| 矩阵转置 | A′ | |
| 矩阵加减 | A + B | 维数必须相同 |
| 数与矩阵加减 | k + A 与 k - A | k + A 与 k * ones(size(A)) + A 等价 |
| 矩阵乘法 | A * B | 与 B * A 不同 |
| 数乘矩阵 | k * A | 数与矩阵相同 |
| 矩阵除法 | A/B 与 A \ B | 分别是 AX = B 和 XA = B 的解 |
| 矩阵的对数运算 | logm( ) | |
| 矩阵指数运算 | expm( ) | |
| 矩阵求逆 | inv( ) | |

### （一）矩阵的转置

在 MATLAB 中进行矩阵运算时对矩阵的维数有一定的要求，有时就需要将矩阵进行转置。例如，对下面的现金流矩阵进行转置：

输入以下指令：

>> Cash = [1500,4470,5280, - 1299]'

输出结果为：

Cash =

      1500

      4470

      5280

      − 1299

## （二）矩阵的加减

设有四个证券组合 1、2、3、4，每个证券组合均由相同的 A、B、C 三种股票构成，但各股票的数量不同。证券组合 1、2，证券组合 3、4 又分别构成两个更大的证券组合 $P_1$ 和 $P_2$。现求 $P_1$ 与 $P_2$ 的和（即 $P_1$ 与 $P_2$ 中对应的 A、B、C 股票的股数相加，其中，证券组合 1、2、3、4 按列排列，而 A、B 和 C 股票的股数则按行排列）。

输入以下指令：

&gt;&gt; Portfolios1 = [100 200;500 400;300 150]；　% 证券组合 1、2

&gt;&gt; Portfolios2 = [175 125;200 200;100 500]；　% 证券组合 3、4

&gt;&gt; NewPortfolios = Portfolios1 + Portfolios2　% 新的证券组合为 $P_1$
和 $P_2$ 的和

输出结果为：

NewPortfolios =

  275   325

  700   600

  400   650

结果表示新的证券组合中所包含的两个组合的三种股票的股数。

## （三）数与矩阵的加减

单个标量（数）也可以和其他不同维数的矩阵进行加减运算。在上面命令的基础上，继续输入命令：

&gt;&gt; SmallerPortf = NewPortfolios − 100　% 更小的证券组合等于新
证券组合 − 100

可以得到如下结果：

SmallerPortf =

  175   225

  600   500

  300   550

结果表示在 NewPortfolios 矩阵中的每个元素减去 100 后得到的新的矩阵。

### （四）矩阵的乘法

矩阵的乘法运算与加减法运算的方法完全不一样，它是根据线性代数的规则来进行运算的，要求前一个矩阵的列数必须与后一个矩阵的行数相同。若两个矩阵的维数不相容，则两个矩阵就不能相乘。另外，矩阵的乘法运算也不满足交换律，即 $A * B \neq B * A$。

1. 向量的乘法

向量的乘法运算与一般矩阵的乘法法则完全相同。

例如，有一个由三只不同的股票组成的证券组合，三只股票当日的收盘价用行向量表示，三只不同股票的股数则用列向量表示，则要计算出该证券组合的价值，只需简单地将这两个向量相乘即可。

输入如下指令：

ClosePrices = ［42. 5 15 78. 875］；　% 股票收盘价向量

NumShares = ［100；500；300］；　% 股票数量向量

PortfVaue = ClosePrices * NumShares

输出结果为：

PortfVaue =

　　　35413

显然，收盘价向量为 $1 \times 3$，股数向量的维数是 $3 \times 1$，结果向量的维数是 $1 \times 1$，也就是一个标量。这意味着证券组合的价值等于每一个收盘价与它们相应股票的股数相乘所得积的和。

2. 点运算

在 MATLAB 里，有一种特殊的运算，因为其运算符是在有关算数运算符前面加点，所以叫作点运算。两矩阵进行点运算是指它们的对应元素进行相关运算，要求两矩阵的维数相同。点运算在 MATLAB 中起着很重要的作用，也是很多初学者容易弄混的一个问题。

若两个矩阵 $X = ［x_1, x_2, \cdots, x_n］$ 和 $Y = ［y_1, y_2, \cdots, y_n］$，

则 $X * Y = x_1 y_1 + x_2 y_2 + \cdots + x_n y_n$。

在 MATLAB 里，点运算一般用 $sum(X. * Y)$ 或者 $sum(Y. * X)$ 函数来进行计算。注意：使用点乘函数时两个向量必须有相同的维数。

输入以下指令：

ClosePrices = ［42. 5 15 78. 875］；　% 股票收盘价向量

NumShares = ［100；500；300］；　% 股票数量向量

Value = sum( NumShares. * ClosePrices ')

输出结果为：

Value =

35413

同样，输入以下命令可以得到相同的结果：

输入以下代码：

ClosePrices = [42.5 15 78.875]；　% 股票收盘价向量

NumShares = [100；500；300]；　% 股票数量向量

Value = sum(ClosePrices. * NumShares')

输出结果如下：

Value =

35413

3. 矩阵与向量的乘法

矩阵与向量的乘法运算和矩阵与矩阵的乘法运算完全相同。

例如，第一个矩阵由三只股票在一个星期内的收盘价格构成，第二个矩阵（向量）仍然是证券组合中每个股票的数量。要算出证券组合每天的收盘价，只需做如下的乘法即可。

输入以下指令：

WeekClosePr = [42.5，15，78.875；42.125，15.5，78.75；

42.125，15.125，79；42.625，15.25，78.875；43，15.25，

78.625]　% 三只股票连续 5 日内的收盘价

PortQuan = [100；500；300]；　% 三只股票的数量

WeekPortValue = WeekClosePr * PortQuan

输出以下结果：

WeekPortValue =

35413

35588

35475

35550

35513

其中价格矩阵是一个 $5 \times 3$ 矩阵，股票数量矩阵是一个 $3 \times 1$，所以结果是一个 $5 \times 1$ 矩阵。

4. 矩阵与矩阵的乘法

矩阵与矩阵相乘按照以下运算规则进行：设 A 是 $m \times n$ 矩阵，B 是 $n \times p$ 矩阵：

$$A = \begin{bmatrix} a_{11} & a_{12} & \cdots & a_{1n} \\ \cdots & \cdots & \cdots & \cdots \\ a_{i1} & a_{i2} & \cdots & a_{in} \\ \cdots & \cdots & \cdots & \cdots \\ a_{m1} & a_{m2} & \cdots & a_{mn} \end{bmatrix} \quad B = \begin{bmatrix} b_{11} & b_{12} & \cdots & b_{1n} \\ \cdots & \cdots & \cdots & \cdots \\ b_{i1} & b_{i2} & \cdots & b_{in} \\ \cdots & \cdots & \cdots & \cdots \\ b_{n1} & b_{n2} & \cdots & b_{np} \end{bmatrix}$$

则 C = A * B 就是一个 m × p 矩阵，矩阵 C 中的第 i 行第 j 列的元素 $c_{ij}$ 为：

$$c_{ij} = a_{i1}b_{1j} + a_{i2}b_{2j} + \cdots + a_{in}b_{nj}$$

假设有与前面相同的三只股票的两个证券组合，但股票的数量不同。将 5 × 3 的三只股票每周的收盘价矩阵乘以两个证券组合的 3 × 2 的股票数量矩阵，结果就会显示两个证券组合每天的收盘价的 5 × 2 矩阵。

**【实验内容与步骤】** 矩阵与矩阵乘法设计实现

输入命令：

$$WeekClosePr = \begin{bmatrix} 42.5 & 15 & 78.875 \\ 42.125 & 15.5 & 78.75 \\ 42.125 & 15.125 & 79 \\ 42.625 & 15.25 & 78.875 \\ 43 & 15.25 & 78.625 \end{bmatrix};$$

% 星期(1~5)按列排列而股票按行排列

$$Portfolios = \begin{bmatrix} 100 & 200 \\ 500 & 400 \\ 300 & 150 \end{bmatrix};$$

PortfolioValues = WeekClosePr * Portfolios

**【实验结果】**

输出以下结果：

PortfolioValues =

| | |
|---|---|
| 35413 | 26331 |
| 35588 | 26438 |
| 35475 | 26325 |
| 35550 | 26456 |
| 35513 | 26494 |

将三只股票星期一的收盘价与它们相应的股数对应相乘再求和，就得到第一个证券组合在星期一的价值，然后按照同样的方法可得到第二个证券组合在星期一的价值；将三只股票星期四的收盘价与它们相对应的股数对应相乘再求和，就得到一个证券组合在星期四的价值，然后按照同样的方法可得到第二个证券组合在星期四的价值；依此类推，可得到一星期中其他天的两个证券组合的价值。借助于一个简单的命令，MATLAB 就能很快地实施许多计算。

### （五）矩阵的除法

矩阵的除法最初产生于求方程的解，尤其是求解线性方程组的解。在 MATLAB 里，只要简单地用两个矩阵除法符号（右除 \ 和左除 /）就可以达到简化计算的目的。一般来说：

$X = A \backslash B$ 表示从方程 $A * X = B$ 里求解 $X$；

$X = B / A$ 表示从方程 $X * A = B$ 里求解 $X$。

矩阵代数尤其在求解线性方程组时非常有用。

假设有两个由基于抵押的金融工具所组成的证券组合 $P_1$ 和 $P_2$。按当前的初始利率，它们目前每年每单位有 100 元和 70 元的偿付。如果初始利率下跌 1 个百分点，则它们的偿付额将变为 80 元和 40 元。某投资者持有 10 个单位的 $P_1$ 和 20 个单位的 $P_2$，这项投资的收入等于现金偿付乘以单位数。问题：

在基本利率保持不变的情况下，要想收入 7000 元，应当持有每一种证券各多少单位？

在基本利率下跌 1% 的情况下，要想收入 5000 元，应当持有每一种证券各多少单位。

**解：** 设投资者持有证券组合 $P_1$ 和 $P_2$ 分别为 x 单位和 y 单位，则通过求解下面的二元线性方程组就可以得到答案。

$$\begin{cases} 100x + 70y = 7000 \\ 80x + 40y = 5000 \end{cases}$$

显然，利用 MATLAB 矩阵除法中的右除即可求出结果。

**【实验内容与步骤】** 矩阵的除法设计实现

输入命令：

Cash = [100　70　　% 现金流矩阵

　　　　80　40];

Receipts = [7000　　% 收益矩阵

　　　　　5000];

Units = Cash\Receipts　　% 持有两种证券组合的数量

**【实验结果】**

输出以下结果：

Units =

　　　43.75

　　　37.5

由此我们知道，该投资者为了完成每年所希望的收入目标，应当持有 43.75 个单位的证券组合 $P_1$，37.5 个单位的证券组合 $P_2$。

## 第三节　逻辑运算与控制语句

## 一、逻辑运算

### （一）基本逻辑运算

在进行逻辑运算时，只有大小比较、逻辑与、逻辑非等关系式，在 MATLAB 中的运算如表 2-3 所列。

表 2-3　　　　　　　　　　　　逻辑运算符

| 符号运算 | 功能 | 函数名 |
|---|---|---|
| = = | 等于 | eq |
| ~ = | 不等于 | ne |
| < | 小于 | lt |
| > | 大于 | gt |
| < = | 小于等于 | le |
| > = | 大于等于 | ge |
| & | 逻辑与 | and |
| \| | 逻辑或 | or |
| ~ | 逻辑非 | not |

【实验内容与步骤】逻辑运算实现示例

输入命令：

a = [1 2 3;4 5 6]

b = [2 1 3;3 5 2]

c = a < = b

【实验结果】

输出以下结果：

a =

　　1　　2　　3

　　4　　5　　6

b =

    2    1    3

    3    5    2

c =

    1    0    1

    0    1    0

矩阵 c 保存 a, b 比较的结果。如果矩阵 a, b 对应元素满足判断条件则为 1, 不满足则为 0。

### (二) 逻辑关系函数

逻辑关系的函数运算中, 大部分函数是 MATLAB 所特有的, 它们给用户带来了很大的方便。主要逻辑关系函数如表 2 - 4 所列。

表 2 - 4　　　　　　　　　　　逻辑关系函数

| 函数名 | 使用说明 | 函数名 | 使用说明 |
|---|---|---|---|
| any | 任一满足条件返回 1 | islogical | 是逻辑型数据返回 1 |
| all | 所有满足条件返回 1 | isletter | 是字母返回 1 |
| xor | 逻辑或非 | any | 任一有非 0 元素返回 1 |
| isempty | 如果是空, 则返回 1 | isnan | 是 "NaN" 取 1 |
| isequal | 像等元素位置返回 1 | isinf | 是无穷大型数据返回 1 |
| isnumber | 是数字型数据返回 1 | isfinite | 是有限大数据返回 1 |

## 二、控 制 语 句

### (一) for 循 环 语 句

for 循环语句的语法为:

for x = array

MATLAB 语句

end　　% x 是循环变量, 循环执行次数由 array 中列的数目

其中, x 称为循环变量, 循环执行的次数由 array 中列的数目决定。

【例 2 - 1】对变量 x 进行循环赋值。

【实验内容与步骤】

输入命令:

for i = 1 : 5

$$x(i) = i$$

end

**【实验结果】**

程序运行的结果如下：

x =

    1

x =

    1    2

x =

    1    2    3

x =

    1    2    3    4

x =

    1    2    3    4    5

## （二）while 条件循环语句

while 条件循环语句的语法为：

while 判断语句

MATLAB 语句

end　　% x 是循环变量，循环执行次数由 array 中列的数目。

其中，x 是循环变量，循环执行次数由 array 中列的数目决定。

**【例 2 - 2】** 计算 $1 + 2 + 3 + 4 + 5 + 6 + \cdots + 10$ 的值

**【实验内容与步骤】**

输入命令：

t = 1;

sum = 0;

while t < = 10

sum = sum + t;

t = t + 1;

end

sum

**【实验结果】**

程序运行的结果如下：

sum =

## （三）if-else-end 条件判断

if-else-end 为程序流提供了一种条件判断，当判断表达式为真时执行命令，否则不执行命令。

if-else-end 条件判断的语法为：

if 判断语句

MATLAB 语句

Else if 判断语句

MATLAB 语句

end

**【例 2 - 3】** 判断变量 a 的区间

**【实验内容与步骤】**

输入命令：

a = 10

if a < 8

disp('a < 8')

else if a < 9

disp('8 < = a < 9')

else

disp('a > = 9')

end

end

**【实验编程与结果】**

编程结果如下：

a =

10

a > = 9

## （四）switch-case 语句

switch-case 语句的语法为：

switch x

case text1

MATLAB 语句

case text2

MATLAB 语句

otherwise

end

【例 2 – 4】判断变量是否为 1

【实验内容与步骤】

x = 2

switch x

case 1

disp('x = 1')

otherwise

disp('x ~ = 1')

end

【实验结果】

x =

    2

x ~ = 1

## 本章小结

(1) MATLAB 进行矩阵与矩阵之间的运算时,尤其是矩阵与矩阵之间的乘法和除法的运算时,注意矩阵之间的乘积与矩阵之间点乘的区别,和两个矩阵的左除与右除的区别。

(2) 有循环的情况下,经常要用到控制语句,不同控制语句调用方式不同,注意调用的方式。

## 复习思考题

1. 求解线性方程组:

$$\begin{cases} x + y + 3z - w = -2 \\ y - z + w = 1 \\ x + y + 2z + 2w = 4 \\ x - y + z - w = 0 \end{cases}$$

2. 产生 6 行 9 列下述特殊矩阵:

(1) 单位矩阵;(2) 随机矩阵(元素在 0 ~ 1 之间);(3) 正态分布随机矩阵。

# 第三章
# 资金的时间价值与债券的价值评估实验

**【实验目的与要求】**

◇现值、终值、年金等问题的计算；

◇投资项目的分析；

◇了解各类债券的价值评估计算方法；

◇美国短期债券进行定价计算；

◇短期债券回购价格计算；

◇贴现债券、到期一次还本付息债券、附息债券等的计算。

## 第一节 实验准备知识

## 一、资金的时间价值

资金的时间价值是资金经过一段时间的投资和再投资所发生的增值，也称为货币的时间价值。正是由于资金的时间价值，今天的100元与一年之后的100元并不是等值的。我们可以将今天的100元存入银行或者进行投资，无论是存入银行还是进行投资，一年之后，我们都将获得利息或者投资报酬。而我们获得的利息或者投资报酬就是资金的时间价值，显然这两者是不相等的。

计算资金的时间价值，就必须要知道表示不同时间资金价值的现值和终值。所谓现值，又称本金或期初资金额，是指资金的现在价值。终值，又称本利和，是指资金在经过一段时间之后包括本金和时间价值在内的未来价值。而现值和终值的计算根据计算利息的方式不同而发生变化，通常有单利终值与现值、复利终值与现值、年金终值与现值。

### （一）单利终值与现值

单利是指在借贷期限中只有本金才产生利息，不管时间长短，利息的计算都是以本金为基础的。我国银行的存贷款业务一般采用单利方式来计息。

在单利的计算中，记 PV 为现值（本金）；r 为利率（计算时出特殊说明外，所给利率都是年利率）；t 为时间；FV 为终值（本利和）。

$$FV = PV(1 + r \times t)$$
$$PV = FV(1 + r \times t)$$

### （二）复利终值与现值

复利是指每一个计息期的利息不仅是由本金计算产生的，还有一部分是由之前的利息计算产生，而每一期产生的利息也将在下一期加入本金一起计算利息，这就是通常所说的"利滚利"。计息期是指相邻两次计息的时间间隔，如年、季、月等，相应的复利计息频数为每年 1 次、4 次、12 次。一般情况下，计息期为 1 年。

复利是金融分析中常用的利息计算方法，资金的时间价值一般是按照复利计算的。

复利计算下，记 PV 为现值（本金）；r 为利率；t 为时间；FV 为终值（本利和）。

$$FV = PV(1 + r)^t$$
$$PV = FV(1 + r)^t$$

### （三）连续复利计算

连续复利是指在计息期趋于无限小、计息频数趋于无限大的极限情况下得到的利率。

设 PV 为现值（本金）；r 为利率；m 为每年的计息次数；t 为时间；FV 为终值（本利和）。

$$FV = \lim_{m \to \infty} PV \times \left(1 + \frac{r}{m}\right)^{mt}$$

即：$FV = PVe^{rt}$

## 二、年金的计算

年金是指在持续的一段时间内，发生的一系列有稳定规律的现金流量。年金是一种常见的金融工具，且在现实生活中被广泛地应用，如住房抵押贷款、保险金、养老金等。年金可以按照收付的次数和时间被分为后付年金、预付年金、永续年金等。

### （一）后付年金的计算

后付年金是指固定现金流量发生在每期期末的年金，它是现实生活中最常见的年金形式，因此，又称为普通年金。

假设每期期末都将收到相等的现金流 CF，利率 r，从现在开始共有 n 期，因此由这一系列现金流构成的后付年金现值为：

$$PVA = CF \times \frac{1-(1+r)^{-n}}{r}$$

后付年金复利终值为：

$$FVA = CF \times \frac{(1+r)^n - 1}{r}$$

### （二）预付年金的计算

与后付年金不同，预付年金就是现金流量发生在每期期初的年金，又称为期初年金或者即付年金。

假设每期期初都将收到相等的现金流 CF，利率 r，从现在开始共有 n 期，因此由这一系列现金流构成的预付年金现值为：

$$PVA = CF \times \frac{1-(1+r)^{-(n+1)}}{r} + CF$$

预付年金复利终值为：

$$FVA = CF \times \frac{(1+r)^{(n+1)} - 1}{r} + CF$$

### （三）永续年金

永续年金是年金的一种重要的特例，它是指现金流量无限期持续下去的年金。现实中，优先股的股利可被视为永续年金。它没有终值，其现值即为：

$$PVA = \frac{CF}{r}$$

## 三、投资项目分析

投资项目决策是公司理财中经常遇到的问题。公司的财务经理需要对各种投资项目分析，考察潜在的投资机会，才能完成为股东创造价值的目的。投资项目决策分析的方法有净现值法（NPV）、内部收益率法（IRR）和回收期法等一系列方法。这里主要介绍净现值法和内部收益率法。

### （一）净现值法

净现值指的是其未来现金流量的现值和与该投资的成本之间的差额。净现值法是公司理财中常用的投资项目决策方法，它将净现值作为投资准绳。如果一项投资的净现值大于零，则可以投资该项目；如果该项投资的净现值等于零，则既可以投资该项目也可以不投资该项目；如果该项投资的净现值小于零，则不应投资该项目。

假设某投资项目的期初投入为 $CF_0$，投资后将获得持续 n 期的现金流，分别为 $CF_t(t=1, 2, \cdots, n)$，该项目的贴现率为 r，则该投资项目的净现值为：

$$NPV = \sum_{t=1}^{n} \frac{CF_t}{(1+r)^t} - CF_0$$

### （二）内部收益率法

内部收益率是指使投资项目净现值为零的贴现率，它反映了投资项目的必要报酬率。内部收益率法也是投资项目决策的常用方法。如果一项投资项目的内部收益率大于资金的成本，则可以投资该项目；如果该项投资的内部收益率等于资金的成本，则既可以投资该项目也可以不投资该项目；如果该项投资的内部收益率小于资金的成本，则不应投资该项目。

假设某投资项目的期初投入为 $CF_0$，投资后将获得持续 n 期的现金流，分别为 $CF_t(t=1, 2, \cdots, n)$，该项目的内部收益率为 r，则可以根据下列公式求出内部收益率：

$$CF_0 + \sum_{t=1}^{n} \frac{CF_t}{(1+r)^t} = 0$$

## 四、债券价值评估

债券是以借贷协议形式发行的证券，一般包括面值、偿还期和息票率等要素。按照付息方式不同，债券可以分为贴现债券和息票债券两大类。由于其具有一组稳定的现金流，因此又被称为固定收益证券。

假设债券的内在价值为 V，债券的面值为 M，债券的剩余期限数为 n，第 t 期的现金流为 $C_t(t=1, 2, \cdots, n)$，市场收益率（即贴现率）为 k，则债券的内在价值为：

$$V = \sum_{t=1}^{n} \frac{C_t}{(1+k)^t}$$

由于实际中的债券定价往往非常复杂，故下面将介绍债券的相关概念，以方便之后的债券定价。

（1）面值。面值是债券的赎回价格，债券的持有者最终以票面价值赎回。

（2）息票率。息票率是债券票面上规定的年利率，以确定债券的利息支付额。

（3）交割日。交割日是指债券交易的买入方支付价格和卖出方交割证券的日期。

（4）到期日。到期日是指债券的借贷协议终止的日期，到期日当日发行人应还请所有本金和利息。

（5）发行日。债券第一次被出售的日期。

（6）月末法则。月末法则指当债券到期日在某月的最后一天，而该月天数小于 30 天，债券息票在最后一天支付。MATLAB 默认实施月末法则（见表 3 - 1）。例如，今天是 2015 年 2 月 28 日，债券每半年支付一次息票。如果没有实施月末法则，下一次支付息票就是 2015 年 8 月 28 日；如果实施了月末法则，下一次支付息票就是 2015 年 8 月 31 日。

表 3 - 1                          债券的月末规则及其含义

| 规定的值 | 意义 |
| --- | --- |
| 1（默认值） | 实施月末规则 |
| 0 | 不实施月末规则 |

（7）息票支付周期。每年息票支付的次数，取值范围是 0，1，2，3，4，6 和 12，分别对应着没有息票、每年支付一次、每半年支付一次、每四个月支付一次、每季度支付一次、每两个月支付一次和每月支付一次。MATLAB 的默认值是 2，即每半年支付一次。

（8）应计利息。债券交易随时都可能发生。当债券交割发生在利息支付日时，债券的价格就是它的市场报价；而当债券交割发生在利息支付周期内时，债券购买者就必须在市场报价之外，支付给债券出售者从上一次利息支付到交割日内其所应得的利息，这个利息就被称为应计利息。

（9）日计数基准类型。应计利息的计算牵扯到债券起息日或上一个付息日至交割日天数的计算，即应计天数的计算。而应计天数的计算取决于债券的时间计算规则，即对债券的每月和每年天数的规定，表示为：每月的天数/该年的天数。例如，实际/实际表示每月和每年都按实际天数计算，一年天数是否为 366 天取决于该年是否为闰年（见表 3 - 2）。

表 3 - 2　　　　　　　债券的利息时间计算规则及其含义

| 规定的值 | 意义 |
|---|---|
| 0 | 实际/实际 |
| 1 | 30/360 |
| 2 | 实际/360 |
| 3 | 实际/365 |

### （一）贴现债券

贴现债券是指票面上不规定息票率，以低于面值的贴现方式发行，到期按面值偿还的一种债券。贴现债券又称为贴息债券，其面值与发行价格之间的差额就是投资者的利息收入。

假设债券的内在价值为 V，面值为 M，剩余期限数为 n，市场收益率为 k，则贴现债券的内在价值为：

$$V = \frac{M}{(1+k)^n}$$

### （二）到期一次还本付息债券

到期一次还本付息债券属于息票债券，它只有一次现金流流入，即到期日的本息之和。

假设债券的内在价值为 V，面值为 M，票面利率为 r，市场收益率为 k，从发行日至到期日的期数为 n，债券的剩余期数为 m，则到期一次还本付息债券的内在价值为：

$$V = \frac{M(1+r)^n}{(1+k)^m}$$

### （三）付息债券

附息债券通常按照面值发行，按票面上载明的利率，按期支付利息，到期按照面值偿还本金。

假设债券的内在价值为 V，面值为 M，每期支付的利息为 C（C = M × r），市场收益率为 k，债券的剩余期数为 n，则附息债券的内在价值为：

$$V = \frac{C}{1+k} + \frac{C}{(1+k)^2} + \cdots + \frac{C}{(1+k)^n} + \frac{M}{(1+k)^n}$$

第二节　资金的时间价值与债券的价值评估实验

## 一、资金的时间价值

【例 3 - 1】某人有一笔 20000 元的存款，现在的市场利率为 3.3% 。请计算这一笔存款在 10 年之后，分别以单利、复利和连续复利三种不同的计息方式下可以得到的本息和。

在单利方式下，本息和为 $FV = PV(1 + r \times t) = 20000 \times (1 + 3.3\% \times 10)$

在复利方式下，本息和为 $FV = PV(1 + r)^t = 20000 \times (1 + 3.3\%)^{10}$

在连续复利方式下，本息和为 $FV = PVe^{rt} = 20000 \times e^{3.3\% \times 10}$

编程如下：

```
>> pv = 20000；    % 存款的现值
>> R = 0. 033；    % 市场存款利率
>> t = 10    % 存款时间
>> fv1 = pv * (1 + r * t)    % 单利方式计算的现值
>> fv2 = pv * (1 + r)^t    % 复利方式计算的现值
>> fv3 = pv * exp(t)    % 连续复利方式计算的现值
```

执行结果如下：

```
fv1 =

      26600

fv2 =

   2. 7672e + 004

fv3 =

   4. 4053e + 008
```

【例 3 - 2】有一附息债券，息票率为 6% ，每月付息 200 元，5 年后到期，请计算该债券的理论价值。

本例中，计算付息债券的理论价值，可以使用固定现金流现值计算函数计算。

语法：

PresentVal = pvfix( Rate , NumPeriods , Payment , ExtraPayment , Due )

输入参数：

Rate：市场必要收益率或贴现率；

NumPeriods：投资周期；

Payment：每期现金流，正数表示流入，负数表示流出；

ExtraPayment：最后一次非周期现金流，默认值为 0；

Due：现金流计息方式（0 为周期末付息，1 为周期初付息）。

输出参数：

PresentVal：现金流现值。

利用该函数计算该投资项目的净现值，编程如下：

```
>> rate = 0.06/12;
>> numperiods = 5 * 12;
>> payment = 200;
>> extrapayment = 0;
>> due = 0;
>> Presentval = pvfix( rate, numperiods, payment, extrapayment, due)
```

执行结果如下：

Presentval =

   1.0345e + 004

## 二、年金的计算

### （一）年金利率函数

语法：

Rate = annurate( NumPeriods, Payment, PresentValue, FutureValue, Due)

输入参数：

NumPeriods：现金流周期；

Payment：每期现金流金额；

PresentValue：现金流现值；

FutureValue：现金流终值，默认为 0；

Due：现金流付息方式（0 为周期末付息，1 为周期初付息）。

输出参数：

Rate：利息率；

【例 3 - 3】某人贷款买房，共贷款 50 万元，还款期 15 年，每月还 5000 元，则他的贷款利率是多少？若改为每月还 6000 元，贷款利率不变，则还款期为多长？

本例中，贷款看作年金处理，贷款利率的计算可以使用年金利率函数，还款期的计算可以使用年金周期函数。

利用年金利率函数计算贷款利率，编程如下：

&gt;&gt; presentvalue = 500000；  % 贷款现值

&gt;&gt; payment = 5000；  % 每次还款金额

&gt;&gt; numperiods = 15 * 12；  % 还款次数

&gt;&gt; futurevalue = 0；  % 现金流终值

&gt;&gt; due = 0；  % 每期期末还款

&gt;&gt; rate = annurate( numperiods, payment, presentvalue, futurevalue, due)

&gt;&gt; annualrate = rate * 12

执行结果如下：

rate =

    0.0073

annualrate =

0.0876

**请注意**：因为现金流使用的是每月偿还金额，所以求出的利率是月利率，年利率需由月利率另求出。

## （二）年金周期函数

语法：

NumPeriods = annuterm( Rate, Payment, PresentValue, FutureValue, Due)

输入参数：

Rate：利息率；

Payment：每期现金流金额；

PresentValue：现金流现值；

FutureValue：现金流终值，默认为 0；

Due：现金流付息方式（0 为周期末付息，1 为周期初付息）。

输出参数：

NumPeriods：现金流周期；

利用年金周期函数计算还款期，可对【例 3 - 3】编程如下：

&gt;&gt; presentvalue = 500000；  % 贷款现值

&gt;&gt; payment = - 6000；  % 每次还款金额，在 annuterm 函数中支

                 出为负数

&gt;&gt; rate = 0.0073；  % 贷款利率

&gt;&gt; futurevalue = 0；  % 现金流终值

&gt;&gt; due = 0；  % 每期期末还款

&gt;&gt; numperiods = annuterm( rate, payment, presentvalue, futurevalue, due)  % 调用 annuterm 函数

执行结果如下：

numperiods =

128. 8714

此处与【例 3 - 3】相同，求出的还款期仍然是月，还款年数可以由月数相应求得。

# 三、投资项目的决策计算

## （一）净现值 NPV 的计算

语法：

PresentVal = pvvar( CashFlow, Rate, IrrCFDates)

输入参数：

CashFlow：现金流向量；

Rate：必要收益率；

IrrCFDates：可选项，现金流时间，默认为等间隔，如每年一次。

输出参数：

Presentval：现金流现值。

【例 3 - 4】某公司要投资一个项目，项目周期为 6 年，初始投资额为 100 万元，在之后的 6 年中，公司会每年分别收回投资 20 万元、15 万元、25 万元、30 万元、20 万元、20 万元，公司要求的必要收益率为 5%，请用净现值法和内部收益率法决定是否应该投资改项目？

净现值法决策投资项目的标准：净现值 NPV > 0 则该项目可投资；净现值 NPV < 0 则该项目不可投资；净现值 NPV = 0 则该项目可以投资也可以不投资。计算净现值可以使用净现值 NPV 的计算函数。

利用净现值 NPV 计算函数计算净现值，编程如下：

```
>> cashflow = [ -100,20,15,25,30,20,20] ;   % 现金流
>> rate = 0. 05 ;   % 利率
>> presentval = pvvar( cashflow, rate)
```

执行结果如下：

presentval =

9. 5249

由执行结果看，该投资项目的净现值为 9. 52 万元，大于零，因此该投资项目可行。

## （二）内部收益率计算函数

语法：

Return = irr( CashFlow)

输入参数：

CashFlow：现金流。

输出参数：

Return：内部收益率。

利用内部收益率计算函数计算内部收益率，编程如下：

```
>> cashflow = [ -100,20,15,25,30,20,20];　%现金流
>> return1 = irr(cashflow);　%调用内部收益率计算函数
```

执行结果如下：

return1 =

　　0.0784

由执行结果看，该投资项目的内部收益率为 7.84%，大于公司要求的必要收益率 5%，因此该投资项目可行。

## 四、债券价值评估

### （一）短期国库券定价

【例 3 - 5】有一美国短期国库券，面值为 1000 元，交割日是 2014 年 3 月 15 日，到期日是 2014 年 12 月 5 日，同期银行的折现率是 3.3.%，请对该债券定价。

本例中，为美国短期国库券定价可以用短期国库券定价函数进行计算，下面我们介绍两种方法。

1. 短期国库券定价函数 prtbill 函数

语法：

Price = prtbill(Settle,Maturity,Face,Discount)

输入函数：

Settle：交割日期；

Maturity：到期日期；

Face：面值；

Discount：折现率。

输出函数：

Price：短期国库券的价格。

使用短期国库券定价函数 prtbill 函数，编程具体如下：

```
>> price = prtbill('3/15/2014','12/5/2014',1000,0.033)
```

执行结果如下：

price =

　　975.7083

**2. 短期国库券定价函数 tbillprice 函数**

语法：

Price = tbillprice(Rate, Settle, Maturity, Type)

输入函数：

Rate：债券等价收益率、货币市场收益率或银行折现率；

Settle：交割日期；

Maturity：到期日期；

Type：利率类型，1 为货币市场利率，为默认值；2 为债券等价收益率；3 为银行折现率。

输出函数：

Price：短期国库券的价格。

利用短期国库券定价函数 tbillprice 函数计算，编程如下：

>> price = tibillprice(0.033, '3/15/2014', '12/5/2014', 3)

执行结果如下：

price =

97.5708

请注意，结果中的价格是默认面值为 100 元的短期国库券的价格，本例中，面值为 1000 元，应将结果乘以相应的比例。

## （二）贴现债券定价

【例 3-6】现有贴现债券，面值为 1000 元，交割日为 2014 年 5 月 6 日，到期日为 2015 年 2 月 15 日，贴现率为 8%，日计数基准类型为实际/360，请计算该贴现债券的内在价值。

若贴现债券的期限为整数期限，则可以直接套用公式 $V = \dfrac{M}{(1+k)^n}$ 计算。但是本例中，贴现债券的期限不是整数期限，则可以使用贴现债券定价函数 prdisc 函数计算。

语法：

Price = prdisc(Settle, Maturity, Face, Discount, Basis)

输入参数：

Settle：交割日期；

Maturity：到期日期；

Face：面值；

Discount：贴现率；

Basis：选填项，日计数类型：

0 = actual/actual （默认值）

1 = 30/360(SIA)

2 = actual/360

3 = actual/365

4 = 30/360（PSA）

5 = 30/360（ISDA）

6 = 30/360（European）

7 = actual/365（Japanese）

8 = actual/actual（ISMA）

9 = actual/360（ISMA）

10 = actual/365（ISMA）

11 = 30/360E（ISMA）

12 = actual/365（ISDA）

输出参数：

Price：贴现债券价格。

利用贴现债券定价函数 prdisc 函数为贴现债券定价，编程如下：

```
>> settle = '5/16/2014';
>> maturity = '2/15/2015';
>> face = 1000;
>> discount = 0.08;
>> basis = 2;
>> Price = prdisc(settle,maturity,face,discount,basis)
```

执行结果如下：

Price =

938.8889

## （三）到期一次还本付息债券定价

到期一次还本付息债券定价函数——prmat 函数

语法：

［Price,AccruInterest］= prmat（Settle,Maturity,Issue,Face,Coupon-Rate,Yield,Basis）

输入参数：

Settle：交割日期；

Maturity：到期日期；

Issue：发行日期；

Face：面值；

CouponRate：息票率；

Yield：贴现率；

Basis：选填项，日计算类型。具体数值同贴现债券定价函数

prdisc 函数相同。

输出参数：

Price：到期一次还本付息债券价格；

AccruInterest：到期时债券的应付利息。

利用 prmat 函数计算价格，编程如下：

```
>> settle = '02/07/2002';
>> maturity = '04/13/2002';
>> issue = '10/11/2001';
>> face = 100;
>> CouponRate = 0.0608;
>> Yield, = 0.0608;
>> basis = 1;
>> [Price, AccruInterest] = prmat(settle, maturity, issue, face, CouponRate, Yield, Basis)
```

执行结果如下：

Price =

　99.9784

AccruInterest =

　1.9591


**本章小结**

1. 资金的时间价值涉及现值、终值、年金等问题的计算，因此，必须掌握相关计算函数。注意函数调用时的输入和输出参数。

2. 投资项目决策是公司理财中经常遇到的问题。公司的财务经理需要对各种投资项目分析，考察潜在的投资机会，才能完成为股东创造价值的目的。投资项目决策分析的方法有净现值法（NPV）、内部收益率法（IRR）和回收期法等一系列方法。本章主要介绍了净现值法和内部收益率法。掌握并熟练运用。

3. 美国短期债券进行定价计算涉及若干个定价函数，具体形式需要掌握。


**复习思考题**

1. 有一附息债券，息票率为 8%，每月付息 300 元，5 年后到期，请计算该债券的理论价值。本例中，计算付息债券的理论价值，可以使用固定现金流现值计算函数计算。

2. 某公司要投资一个项目，项目周期为 6 年，初始投资额为 200 万元，在之后的 6 年中，公司会每年分别收回投资 40 万元、30 万

元、50 万元、60 万元、40 万元、40 万元，公司要求的必要收益率为
7%，请用净现值法和内部收益率法决定是否应该投资改项目？

　　净现值法决策投资项目的标准：净现值 NPV > 0 则该项目可投
资；净现值 NPV < 0 则该项目不可投资；净现值 NPV = 0 则该项目可
以投资也可以不投资。计算净现值可以使用净现值 NPV 的计算函数。

# 第四章

# 债券收益与风险度量实验

**【实验目的与要求】**

◇了解各类债券的利息和收益率的计算方法；

◇国库券的收益计算；

◇可转让定期存单（CD）定价计算；

◇可转让定期存单收益率计算；

◇可转换债券定价计算；

◇了解刻画债券的两个特征：久期和凸性；

◇固定收益久期与凸度的计算。

## 第一节　债券收益与风险度量基础知识

利用 MATLAB 除了可以对各种债券进行价值评估，还可以利用它来计算债券的应计利息和各种收益率。债券是最重要的有价证券之一，通常有相对固定的现金流，利率风险是它的主要风险。久期和凸性是刻画债券的两个重要特征，是债券利率风险度量和管理需要考虑的主要因素。本章介绍债券久期和凸性的概念和计算，并研究债券的免疫策略。

## 一、债券价值相关知识

设 V 为债券的内在价值（或理论价格），n 为债券的剩余期限数，M 为债券的票面价值，$C_t$ 为第 t 期的现金流（t = 1，2，…，n），k 为市场收益率（即折现率，一般以年收益率计算），则其一般定价模型为：

$$V = \sum_{t=1}^{n} \frac{C_t}{(1+k)^t}$$

以上模型中假定债券的期限是整数期限，但实际中可能的情况经常是债券的期限是非整数期限，这时需要借助于其他的债券定价函数求解。由于有带有零头的息票期限，故计算起来要复杂一些。

在利用 MATLAB 函数来对债券进行各种计算时，涉及一些共同的输入约定，现说明如下：

1. 交收日

交收日（Settle）指债券在二级市场上第一次进行买卖交易的日期。它并不需要与债券的发行日期一致，债券的发行日期是指债券第一次被出售的日期。以连续的日期数字或日期串的形式输入，它必须早于或等于到期日（Maturity）。

2. 到期日

一种债券的到期日（Maturity Date）是指这样一个日期，在该日，债券的发行者将债券从持有者那里以最终的票面价值收回。

3. 发行日

发行日（Issue Date）是指债券第一次被出售的日期。以连续的日期数字或日期串的形式输入。

4. 息票率

息票率（Coupom Rate）是债券票面上规定的每年的百分比收益率，用来确定债券的利息支付数额。以小数形式输入。

5. 面值

面值（Face）是债券的赎回价格（Redemption Value），债券的持有者最终以票面价值赎回。

6. 息票支付周期

每年息票支付的次数（可以选择），是一个整数，允许的取值可以是 0，1，2，3，4，6 和 12，默认值 =2。具体说明如表 4 - 1 所示。

**表 4 - 1    债券的息票支付周期（Periods）及其含义**

| 时期 | 利息支付时间表 |
| --- | --- |
| 0 | 没有息票（零息票债券） |
| 1 | 每年支付一次 |
| 2 | 每年支付二次 |
| 3 | 每年支付三次 |
| 4 | 每年支付四次 |
| 6 | 每年支付六次 |
| 12 | 每月支付一次 |

### 7. 债券的日计数基准类型

债券的时间计算规则（basis）取决于对债券的每月和每年天数的规定（该参数是任选项），表示为：每月的天数/该年的天数（见表 4－2）。例如，实际/实际表示每月按实际的天数计算/每年按实际的天数计算（一年是 365 天还是 366 天取决于所在的年份是否为闰年）。

表 4－2　　　　债券的利息时间计算规则（Basis）及其含义

| 规定的值 | 意义 |
| --- | --- |
| 0（默认值） | 实际/实际 |
| 1 | 30/360 |
| 2 | 实际/360 |
| 3 | 实际/365 |

### 8. 月末付息规则

月末付息规则（End-of－Month－Rule）会影响一个债券的息票偿付结构。当实施这个规则时，息票在每月最后一天支付。这意味着，例如，在一个非闰年的 2 月 28 日付息的半年付息债券，一般年份将在 8 月 31 日支付利息，而闰年则在 2 月 29 日支付利息。

### 9. 第一个息票日

第一个息票日（First Coupon Rate）是指第一次息票支付的日期。一般来说债券息票的支付为每年一次或半年一次，第一次息票日可能会与标准的息票日期不同。它以连续的日期数字或日期串的形式输入。

### 10. 最后一个息票日

最后一个息票日（Last Coupon Rate）是指最后一次息票支付的日期。尽管一般来说债券息票的支付为每年一次或半年一次，但最后一次息票日可能会与标准的息票日期不同。它也以连续的日期数字或日期串的形式输入。

### 11. 到期收益率

一个债券的到期收益率（Yield-to-maturity）又称为名义收益率，也就是当债券的所有将来发生的现金流（包括本金和每期的利息）的现值之和与债券目前的市场价格相等时的折现率。

### 12. 应计利息（Accrued Interest）

固定收益证券的买卖并不一定要在利息支付日进行。在这种情况下，债券的购买者不能完全享有那个时期的利息。当债券的购买发生于利息支付周期内，购买者必须支付给出售者从上一次利息支付到发生购买这段时间内其所应得的利息，这个利息称为应计利息（Accrued Interest）。所以，购买发生时的购买价格，也就是购买者为购买该债权所实际支付的金额，应该由该债权的市场报价（Purchase Price）和应计利息两部分构成。

在以上共同的输入约定中只有 Settle 和 Maturity 是必需的，而所有其他的都是可以选择的。如果你不需要明确地规定它们的话，它们将会被调整到默认值。

## 二、计算债券的利息和收益率

固定收益证券的买卖并不一定要在利息支付日进行。债券的购买者除了要向债券的出售者支付债券的购买价格外，还要额外支付给出售者应该享有的一部分利息，即应计利息。我国目前交易所交易的债券，报价给出全部的价格，不仅包括平价（Flat Price or Clean Price），而且还包括累积利息，这个累积利息又称为应计利息。也就是说，如果买方在利息支付日期之前购买债券，则他除了要支付按金融行情表上列出的债券价格外，还得向卖方支付应计利息，即未来半年期利息的应摊份额。例如，如果半年期为 182 天，买方在最近的一次付息日已过去 40 天时购买债券，则卖方就有权要求买方支付给他应得的一个半年期的 40/182 的应计利息。因此，成交价也就是发票上的价格，等于标价加上应计利息。更具体地说，假设债券的息票率为 8%，面值为 1000 美元，半年付息一次，则半年期的利息为 40 美元。由于购买债券时距离最近一次付息已过去了 40 天，于是，这张债券的应计利息应为 40×（40/182）=8.79 美元。如果债券报价为 990 美元，则成交价便是 990+8.79=998.79 美元。

在 MATLAB 中，有几个专门用来计算债券的应计利息的函数，如 cdai、acrubond、acrudisc 等，另外还有一些计算债券的各种收益率的函数，如 cdyield、beybill 等。

## 三、债券的风险度量基础知识

债券是最重要的有价证券之一，通常有相对固定的现金流，利率风险是它的主要风险。久期和凸性是刻画债券的两个重要特征，是债券利率风险度量和管理需要考虑的主要因素。本章介绍久期和凸性的概念和计算，并研究债券的免疫策略。

## 第二节 债券的收益计算

### 一、计算债券的应计利息

#### （一）存款证的应计利息

存款单证也称存单（Certificate of Deposit，CD），即银行的定期存款。定期存款不能在存款者需要时随时提取，银行只在存单的固定期限到期时向储户支付本金和利息。金额超过 10 万美元的存单是可以转让的。也就是说，如果存单的所有者需要现金的话，他可以在到期日之前将存单出售给其他投资者。短期存单具有高度的流动性，尤其是期限为 6 个月或者稍长一点的存单。可以利用 cdai 函数来计算存单应计利息，其函数命令格式为：

AccInt = cdai(CounponRate，Settle，Maturity，IssueDate，Basis)

【实验内容与步骤】计算存款证的应计利息

【例 4 - 1】已知某存款证的相关信息资料如下，试计算该存款证的应计利息。

输入命令：

>> CouponRate = 0. 05 ;

>> Settle = '02 - Jan - 02 ';

>> Maturity = '31 - Mar - 02 ';

>> IssueDate = '1 - Oct - 01 ';

>> AccrInt = cdai(CouponRate，Settle，Maturity，IssueDate)

【实验编程与结果】

AccrInt =

   1. 2917

#### （二）付息债券的应计利息

由前面的讨论可知，付息债券按期支付利息，一般可以进行转让或在二级市场上进行交易。可利用 acrubond 函数来计算付息债券的应计利息，其函数命令格式为：

AccruInterest = acrubond(IssueDate，Settle，FirstCounponDate，Face，..
CouponRate，Period，Basis)

【实验内容与步骤】付息债券应计利息

【例 4 - 2】已知某债券具有如下特性，试计算其应计利息。

输入如下指令：

```
>> Settle = '1 - Mar - 1993';
>> IssueDate = '31 - jan - 1983';
>> FirstCouponDate = '31 - jul - 1983';
>> Face = 100;
>> CouponRate = 0. 1;
>> Period = 2;
>> Basis = 0;
>> AccruInterest = acrubond('1 - jan - 1983','1 - mar - 1993','31 -
jul - 1983',...
    100,0. 1,2,0)
```

【实验编程与结果】

AccruInterest =

　　0. 8011

## （三）到期日付息债券的应计利息

到期一次性还本付息的债券只有一次现金流动，即到期日的本息之和。当债券中途进行转让需要计算其应付利息时，可使用 acrudisc 函数来完成，其函数命令格式为：

AccruInterest = acrudisc(Settle, Maturity, Face, Discount, Period, Basis)

【实验内容与步骤】到期日付息债券应计利息

【例 4 - 3】已知某到期一次性还本付息债券具有如下特性，试计算其应计利息。

输入如下指令：

```
>> Settle = '05/01/1992';
>> Maturity = '07/15/1992';
>> Face = 100;
>> CouponRate = 0. 1;
>> Period = 2;
>> Basis = 0;
>> AccruInterest = acrudisc('05/01/1992','07/15/1992',100,0. 1,
2,0)
```

【实验编程与结果】

AccruInterest =

　　2. 0604

## 二、计算债券的各种收益率

### （一）存款证的收益率

使用 cdyield 函数命令：

Yield = cdyield(Price, CouponRate, Settle, Maturity, IssueDate, Basis)

【实验内容与步骤】存款证的收益率

【例 4 - 4】已知某存款证的相关信息资料如下，试计算该存款证的收益率。

输入如下指令：

```
>> Price = 101. 125;
>> CouponRate = 0. 1;
>> Settle = '02 - Jan - 02';
>> Maturity = '31 - Mar - 02';
>> IssueDate = '1 - Oct - 01';
>> Yield = cdyield(Price, CouponRate, Settle, Maturity, IssueDate)
```

【实验编程与结果】

Yield =

0. 0520

### （二）国库券的等价收益率

使用 beybill 函数命令：

Yield = beybill(Settle, Maturity, Discount)

【实验内容与步骤】国库券等价收益率

【例 4 - 5】已知某国库券的交收日是 2000 年 2 月 11 日，到期日是 2000 年 8 月 7 日，折现率是 5.77%，试求该债券的等价收益率。

输入如下指令：

Yield = beybill('2/11/2000', '8/7/2000', 0. 0577)

【实验编程与结果】

Yield =

0. 0602

### （三）固定收益证券的到期收益率

在实际中，投资者购买债券的决策依据并不是债券承诺的收益率。投资者要根据债券的市场价格、到期日、利息支付额等特征计算债券所能够提供的收益率。这种收益率就是到期收益率（Yield To

Maturity，YTM），它是使得债券支付额的现值等于债券市场价格的折现率。如果现在购买债券并持有至到期日，则该债券所能够提供的平均收益率就是到期收益率。计算债券的到期收益率，就是在债券市场价格已知的情况下，计算债券定价公式中的贴现率。例如，假设某投资者购买了某面值为 1000 元、息票利率为 8%、期限为 30 年、半年付息一次、价格为 1276.76 元的债券，并持有到期，则其所能够获得的平均收益率即到期收益率由以下公式决定：

$$1276.76 = \sum_{i=1}^{60} \frac{40}{(1+r)^i} + \frac{1000}{(1+r)^{60}}$$

要计算到期收益率，可使用 bndyield 函数来完成，命令格式为：

Yield = bndyield ( Price，CouponRate，Settle，Maturity，Period，Basis，EndMonthRule,...

IssueDate，FirstCouponDate，LastCouponDate，StartDate，Face )

**【实验内容与步骤】** 固定收益证券的到期收益率

**【例 4 – 6】** 计算某国库债券在三个不同价格时的到期收益率。

输入如下指令：

>> Price = [ 95;100;105 ] ;

>> CouponRate = 0.05 ;

>> Settle = ' 20 – Jan – 1997 ' ;

>> Maturity = ' 15 – Jun – 2002 ' ;

>> Period = 2 ;

>> Basis = 0 ;

>> Yield = bndyield ( Price，CouponRate，Settle，Maturity，Period，Basis )

**【实验编程与结果】**

Yield =

　　0.0610

　　0.0500

　　0.0396

**注意**：以上计算出的是半年计息一次的债券到期收益率，而行情公报中所报出的到期收益率则常常是以年为基础的。利用简单的利息计算技术，可以将债券的半年期到期收益率换算成以年为单位的到期收益率，即年百分比收益率（Annual Percentage Rate，APR）。通常是将半年期收益率加倍得到年收益率。这种运用简单的方法所算出的年收益率又称为债券的等价收益率。

## （四）国库券的收益率

使用的 yldtbbill 函数命令：

$$\text{Yield} = \text{yldtbill}(\text{Settle}, \text{Maturity}, \text{Face}, \text{Price})$$

【实验内容与步骤】国库券收益率

【例 4 - 7】已知某国库券的交收日是 2000 年 2 月 10 日，到期日是 2000 年 8 月 6 日，面值为 1000 美元，市场价格为 981.36 美元，试计算其收益率。

输入如下指令：

\>\> Settle = '02/07/2000';

\>\> Maturity = '04/13/2000';

\>\> Issue = '10/11/1999';

\>\> Face = 100;

\>\> Price = 99.98;

\>\> CouponRate = 0.0608;

\>\> Basis = 1;

\>\> Yield = yldmat(Settle, Maturity, Issue, Face, Price, CouponRate, Basis)

【实验编程与结果】

Yield =

0.0607

## 第三节　债券的风险度量与管理

## 一、债券的久期

一项现金流的现值要受到多种因素的影响，如现金流的时间长短、每期现金流再投资所获得的收益率的高低、现金流的分布情况等。因此，现金流的风险不能单纯以时间长短来衡量。为了合理地衡量现金流的风险，也就是现金流对利率变化的敏感性，1938 年，佛雷德里克·麦考利（Frederick Macaulay）首先提出了久期（Duration，简记为 D，又称"麦考利久期"）的概念。它是指现金流支付时间的加权平均，权重是每期支付的现金流的现值在所有现金流的现值总和中所占的比例，即以每期支付的现金流的现值除以所有现金流的现值总和。

设有一种期限为 n 的债券，每期流入的现金流为 $CF_t$（t = 1, 2, …, n），通常 $CF_t$（t = 1, 2, …, n - 1）是指第 1 期到第 n - 1 期各期利息

的流入，$CF_n$ 为最后一期利息和本金的总和。若期限结构曲线水平，即每期现金流的贴现率都为 r，则该现金流的现值为：

$$PV = \sum_{t=1}^{n} \frac{CF_t}{(1+r)^t}$$

而久期（此处"久期"为麦考利久期）的公式为：

$$D = \frac{1}{PV} \sum_{t=1}^{n} \frac{tCF_t}{(1+r)^t}$$

期限相同的不同现金流，现金流的支付方式不尽相同，久期也不同。久期综合考虑了现金流到期之前的全部现金流量特征，它比到期期限更适合测算现金流的时间特性。久期作为度量现金流对市场利率的敏感程度的指标，被广泛应用于现金流的风险度量。通常认为久期越长，现金流对利率变动所产生的变动幅度越大，从而风险越大。

## 二、久期的计算

### （一）等时间间隔债券的久期计算

MATLAB 中，在没有给定交收日和到期日的情况下，计算等时间间隔的周期性的现金流的久期和修正的久期的计算函数为 cfdur。函数命令为：

[Duration, ModDuration] = cfdur(CashFlow, Yield)

【实验内容与步骤】等时间间隔债券的久期计算

【例 4 - 8】假设有两个债券 1 和 2，其面值均为 1000 元。债券 1 刚刚发行，市场利率（贴现率）为 8%，票面利率也为 8%，期限为 10 年；债券 2 为 5 年前发行，票面利率为 12%，期限为 15 年，还有 10 年到期。假设两债券的利息支付周期均为每年一次，试计算债券 1 和债券 2 的久期和修正的久期。

输入指令如下：

第一步，计算债券 1 的久期和修正久期：

```
>> CashFlow = [ones(1,9) * 80 1080];
>> [Duration, ModDuration] = cfdur(CashFlow, 0.08)    % 债券 1 的
                                                        久期和修正
                                                        久期
```

第二步，计算债券 2 的久期和修正久期：

```
CashFlow = [ones(1,9) * 120 1120];
[Duration, ModDuration] = cfdur(CashFlow, 0.08)    % 债券 2 的久
                                                      期和修正久期
```

【实验编程与结果】

债券 1 的久期和修正久期为：

Duration =

　　7.2469

ModDuration =

　　6.7101

债券 2 的久期和修正久期为：

Duration =

　　6.7442

ModDuration =

　　6.2446

从上面的结果中可以看出，虽然两个债券的到期期限都是 10 年，但债券 1 的久期大于债券 2 的久期。

## （二）非等时间间隔债券的久期计算

MATLAB 中，当交收日不等于利息支付日时，债券提供的现金流就不是等时间间隔的，因此就不能使用前面的 cfdur 函数来计算久期。给定交收日和到期日，非等时间间隔的债券的久期和修正的久期可用 bnddurp 和 bnddury 两个函数来计算，其中，bnddurp 用来计算给定价格的债券的久期，bnddury 用来计算给定收益率的债券的久期。

bnddurp 函数命令为：

［ModDuration，YearDuration，PerDuration］= bnddurp（Price，CouponRate，Settle，Maturity，...

Period，Basis，EndmonthRule，IssueDate，FirstCouponDate，LastCouponDate，StartDate，Face）

bnddury 函数命令为：

［ModDuration，YearDuration，PerDuration］= bnddury（Yield，CouponRate，Settle，Maturity，...

Period，Basis，EndmonthRule，IssueDate，FirstCouponDate，LastCouponDate，StartDate，Face）

其中：

Price：债券的出清价格（不包括应计利息）；

StartDate：债券实际开始的将来的某个日期（此时，债券的现金流才开始被考虑），如果债券的这个实际开始的将来的日期没有被指定，则交收日就是这个有效的日期；

ModDuration：每年计息一次的修正的久期；

YearDuration：每年计息一次的麦考利久期；

PerDuration：半年计息一次的麦考利久期。

以上所有变量中，除了 Price，CouponRate，Year，Settle 和 Maturity 外，其余变量都是任选的。

**【实验内容与步骤】** 非等时间间隔给定价格的债券的久期计算示例。

**【例 4 - 9】** 已知某三个债券的价格及相应的信息资料如下，试计算 3 个债券在 3 种不同收益下的各种久期。

输入如下指令：

>> Price = [106;100;98];

>> CouponRate = 0.055;

>> Settle = '02 - Aug - 1999';

>> Maturity = '15 - Jun - 2004';

>> Period = 2;

>> Basis = 0;

>> [ModDuration,YearDuration,PerDuration] = bnddurp(Price,CouponRate,Settle,Maturity,...

Period,Basis)

**【实验编程与结果】**

ModDuration =

　　4.2400

　　4.1925

　　4.1759

YearDuration =

　　4.3275

　　4.3077

　　4.3007

PerDuration =

　　8.6549

　　8.6154

　　8.6014

注意：

（1）从计算结果中可以看出，半年计息一次的麦考利久期近似等于每年计息一次的麦考利久期的两期。

（2）此例中债券的面值默认为 100 美元。

**【实验内容与步骤】** 非等时间间隔给定收益率的债券的久期计算

示例。

【例 4 – 10】已知某债券的三种不同的收益率及相应的信息资料如下，试计算该证券在 3 种不同收益率下的各种久期。

输入以下指令：

Yield = [0.04;0.055;0.06];

CouponRate = 0.055;

Settle = '02 – Aug – 1999';

Maturity = '15 – Jun – 2004';

Period = 2;

Basis = 0;

[ModDuration, YearDuration, PerDuration] = bnddury(Yield, Coupon-Rate, Settle, Maturity,...

Period, Basis)

【实验编程与结果】

ModDuration =

    4.2444

    4.1924

    4.1751

YearDuration =

    4.3292

    4.3077

    4.3004

PerDuration =

    8.6585

    8.6154

    8.6007

## 三、债券的凸性

本节主要介绍债券凸性的概念、计算方法和性质。

### （一）凸性的含义

久期作为现金流对利率敏感性的度量手段，仅是利率变化对现金流现值影响效果的一阶近似刻画，存在一定的缺陷。原因是：久期只考虑了现金流的现值变化和收益率变化之间的线性关系，而实际上二者具有非对称的、凸性的关系；久期作为估计现金流现值的手段，只适用于收益率变化幅度很小的情况，由于用 $\dfrac{\Delta P}{P} = -D^* \times \Delta r$ 来代替 $\dfrac{dP}{P} = -D^* \times dr$，只考虑了现金流现值对利率变化的一阶逼近，因此，只有当市场到期收益率波动幅度很小时才比较准确，如果市场到期收益率波动幅度很大时，现值与收益率之间的关系误差就相对较大。

为了修正单独由久期导出的近似值的误差，所以引入凸性的概念。久期可看做是现值对利率小幅度波动敏感性的一阶估计，凸性则是对现金流利率敏感性的二阶估计，或是对现金流久期的利率敏感性的度量。按照前面的假设（为了表达方便，现值由 PV 改为用 P 来表示），将 $P = \sum\limits_{t=1}^{n} \dfrac{CF_t}{(1+r)^t}$ 按泰勒展开式展开，得到：

$$\Delta P = -\frac{1}{1+r}DP\Delta r + \frac{1}{2}\sum_{t=1}^{n} t(t+1)\frac{CF_t}{(1+r)^{t+2}}(\Delta r)^2 + \cdots$$

显然，忽略上式中的第二项及以后各项（只取第一项），就可以得到现金流对利率变化敏感性的一阶近似——久期，即 $\dfrac{\Delta P}{P} \approx -\dfrac{1}{1+r}$ $D\Delta r = -D^* \Delta r \left( \dfrac{dP}{P} = -\dfrac{1}{1+r}Ddr = -D^* dr \right)$；而保留第二项，忽略第三项及以后的各项，则得到：

$$\frac{\Delta P}{P} \approx -\frac{1}{1+r}D\Delta r + \frac{1}{2P}\sum_{t=1}^{n} t(t+1)\frac{CF_t}{(1+r)^{t+2}}(\Delta r)^2$$

定义凸性为：

$$凸性 = cv = \frac{1}{P} \times \frac{d^2 P}{dr^2} = \frac{1}{P(1+r)^2}\sum_{t=1}^{n} t(t+1)\frac{CF_t}{(1+r)^t}$$

于是，

$$\frac{\Delta P}{P} \approx -D^* \Delta r + \frac{1}{2}cv(\Delta r)^2$$

或

$$\Delta P \approx -D^* \times P \times \Delta r + \frac{1}{2}cv(\Delta r)^2 \times P$$

即：

债券价格变化 = -修正的久期×价格×收益率变化 + 凸性×价格 $\times \dfrac{(收益率变化)^2}{2}$

凸性总是正值，凸性的单位是时间单位的平方，例如，如果时间以年作单位，则凸性的单位就是年的平方。由上式可以看出，由于凸性考虑了价格随收益率的二阶变化，因此，当收益率变化幅度较大时，用凸性计算价格随收益率的变化具有更好的近似效果，能更精确地反映收益率变化对债券价格的影响。

凸性是对债券价格曲线弯曲程度的一种度量，凸性越大，债券价格曲线弯曲程度越大。

## （二）凸性的计算

1. 等时间间隔债券的凸性计算

MATLAB 中，在没有给定交收日和到期日的情况下，计算等时间间隔的周期性的现金流的凸性的函数为 cfconv。函数命令为：

Convexity = cfconv( CashFlow, Yield )

【实验内容与步骤】等时间间隔债券的凸性计算

【例 4 - 11】假设有两个债券 1 和 2，其面值均为 1000 元。债券 1 刚刚发行，市场利率（贴现率）为 8%，票面利率也为 8%，期限为 10 年；债券 2 为 5 年前发行，票面利率为 12%，期限为 15 年，还有 10 年到期。假设两债券的利息支付周期均为每年一次，试计算债券 1 与债券 2 的凸性。

输入如下指令：

第一步，计算债券 1 的凸性：

```
>> CashFlow = [ ones( 1,9 ) * 80 1080 ];
>> Convexity = cfconv( CashFlow,0. 08 )
```

第二步，计算债券 2 的凸性：

```
>> CashFlow = [ ones( 1,9 ) * 120 1120 ];
>> Convexity = cfconv( CashFlow,0. 08 )
```

【实验编程与结果】

债券 1 的凸性为：

Convexity =

   60. 5313

债券 2 的凸性为：

Convexity =

   54. 3642

从上面的结果中可以看出，虽然两个债券的到期期限都是 10 年，但债券 1 的凸性却大于债券 2 的凸性。

2. 非等时间间隔债券的凸性计算

MATLAB 中，当交收日不等于利息支付日时，债券提供的现金流就不是等时间间隔的，因此，也就不能使用上面的 cfconv 函数来计算凸性。给定交收日和到期日，非等时间间隔的债券的凸性可用 bndconvp 和 bndconvy 两个函数来计算，其中，bndconvp 用来计算给定价格的债券的凸性，bndconvy 用来计算给定收益率的债券的凸性。

bndconvp 函数命令为：

［YearConvexity，PerConvexity］= bndconvp（Price，CouponRate，Settle，Maturity，...

Period，Basis，EndMonthRule，IssueDate，FirstCouponDate，LastCouponDate，...，StartDate，Face）

bndconvy 函数命令为：

［YearConvexity，PerConvexity］= bndconvy（Yield，CouponRate，Settle，Maturity，...

Period，Basis，EndMonthRule，IssueDate，FirstCouponDate，LastCouponDate，...，StartDate，Face）

其中，YearConvexity：每年计息一次债券的凸性；PerConvexity：半年计息一次债券的凸性。

【实验内容与步骤】等时间间隔债券的凸性计算示例。

【例 4 - 12】已知某三个债券的价格及相应的信息资料如下，试计算 3 个债券在各种利息支付周期下的凸性。

输入如下指令：

```
>> Price = ［106；100；98］；
>> CouponRate = 0. 055；
>> Settle = '02 - Aug - 1999'；
>> Maturity = '15 - Jun - 2004'；
>> Period = 2；
>> Basis = 0；
>> ［YearConvexity，PerConvexity］= bndconvp（Price，CouponRate，
Settle，Maturity，...

Period，Basis）
```

【实验编程与结果】

计算结果如下：

YearConvexity =

21. 4447

21. 0363

20. 8951

PerConvexity =

85. 7788

84. 1454

83. 5803

**本章小结**

1. 债券的收益计算包括债券的应计利息和各种收益率的计算。债券的应计利息和各种收益率的计算都要通过调用相关函数来进行。熟练掌握相关函数。

2. 久期和凸性是刻画债券的两个重要特征，是债券利率风险和管理需要考虑的主要因素。掌握久期和凸性的计算方法及相关函数的调用。

**复习思考题**

1. 有一债券，面值为 100 美元，息票利率为 6%，交收日为 1999 年 1 月 20 日，到期日为 2004 年 6 月 15 日，半年付息一次，计息时间按实际/实际的规则计算，试计算该债券在以下三种情况下的到期收益率：

（1）价格为 94 美元；（2）价格为 100 美元；（3）价格为 106 美元。

2. 有两个债券，第一个债券刚刚发行，面值为 100 美元，票面利率为 10%，期限为 4 年；第二个债券为 7 年前发行，面值为 1000 美元，票面利率为 8%，还有 3 年到期。假设两债券的利息支付周期均为每年一次，市场利率为 10%，试计算两债券的久期和修正的久期。

# 第五章
# 金融数据预处理实验

【实验目的与要求】
◇建立自己的金融数据资料库；
◇各种数据格式的转入与导出；
◇金融时间序列的创建。

金融数据导出为数据文件、数据文件的读取是数据处理的基本功，本章讨论了不同格式数据文件的读取，读者应掌握文本数据、Excel格式数据的读写，掌握时间序列格式数据之间的转换。

## 第一节　建立自己的金融数据资料库

通达信软件是多功能的证券信息平台，与其他行情软件相比，有简洁的界面和行情更新速度较快等优点。增强网上交易安全性。因此，本章选用通达信软件作为金融数据导出的软件。

【实验内容与步骤】从通达信软件中导出若干只股票的价格数据以及数据转换与设计实现

（1）利用通达信股票交易软件进行数据导出。首先打开通达信行情分析软件，打开后界面如图5-1所示。

接着点击"独立行情"，进入下列界面，如图5-2所示。

接着，选中已知股票，双击鼠标左键，可以打开K线图界面，如图5-3所示。

图 5-1 "通达信行情分析软件"界面

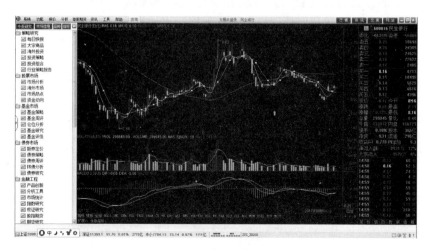

图 5-2 "独立行情"界面

图 5-3 "K 线图"界面

接着，选中 K 线图，点击鼠标右键，选择"复权处理"下拉菜单下的"前复权"，如图 5-4 所示。

图 5-4　"前复权"界面

接着，点击屏幕左上方的"系统"下拉菜单下的"数据导出"，界面如图 5-5 所示。

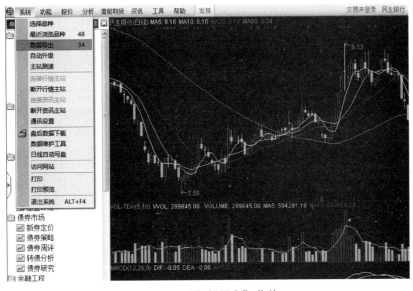

图 5-5　"数据导出"菜单

接着，会弹出一个下列对话框，我们选择"Excel 文件"，如图 5-6 所示。

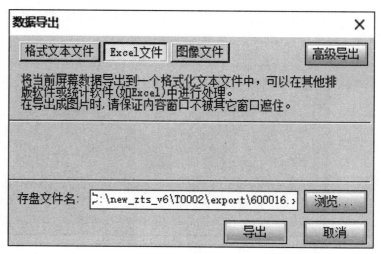

图 5-6 "数据导出"界面

点击"导出"后会在相应计算机路径下导出一个 Excel 文件"600016. xls",打开此 Excel 文件,如图 5-7 所示。

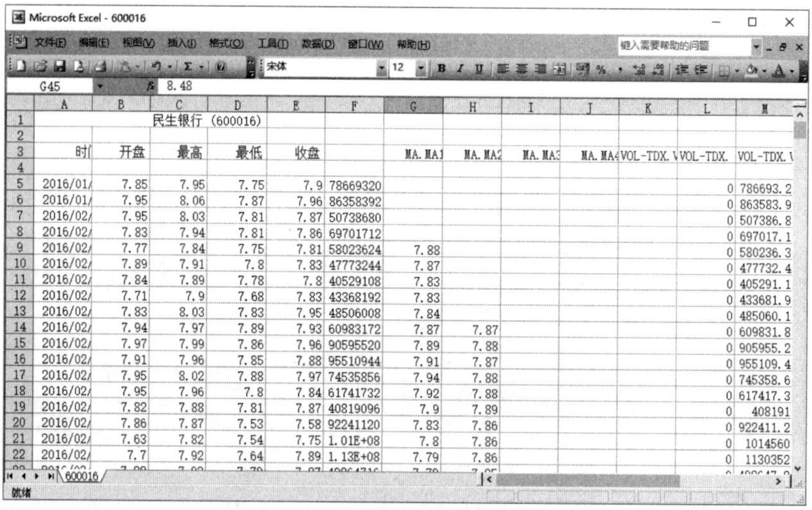

图 5-7 "打开 Excel 文件"界面

我们只保存每只股票的收盘价。重复此步骤,对要收集的每只股票的相同交易日的收盘价数据都做此处理,然后放到一个 Excel 文件内。这样,就可以得到若干只股票的收盘价数据。

接着,删除 Excel 文件中前两行的汉字(股票名称和开盘价),只保留每只股票的价格数据。

(2)另存为文件 price600016. txt,选择制表符分隔的方式保存。

(3)把 price600016. txt 放到自己设定的缺省工作目录备用。

（4）在指令窗中输入指令：load price600016.txt，就可以将 txt 文件中的数据载入 MATLAB 内存中。在 workspace 中，右键 price600016，另存为 price600016.mat，价格矩阵数据文件制作完毕。

（5）使用时调用方式：load price600016.mat。

## 第二节　各种数据格式的转入与导出

### 一、读取目录内容

MATLAB 的 dir 函数负责读入文件夹中的文件，如读入根目录下扩展名为 .txt 文件可以执行下面命令。

>> file = dir('C:\ * .txt')

目录扩展名为 .txt 文件的特征保存在结构变量 file 中，file.name 保存了所有文件的名称。程序运行结果如下所示：

file =

0x1 struct array with fields：

    name

    date

    bytes

    isdir

    datenum

### 二、printf 函数写入数据

有时需要将数据内容写入文本文件中，函数 printf 可以将数据显示在显示屏上或者文件中。

调用方式：

Count = printf(fid, format, A, . . . )

输入参数：

fid 是一个整数型变量，它可以是 fopen 命令成功返回的文件标识符，也可以是 MATLAB 保留的具有特殊意义的数值。1 表示标准输入，也就是屏幕输出；2 表示标准错误输出，同样是屏幕输出。

format 输出格式控制，变量 format 是一个字符串，用法类似 C 语言格式，主要控制符号、排序、重要数字及字符宽度等，例如，% -12.52,

其中，%表示开始读入数据，–表示标记，12表示输入的宽度，5表示小数位数，e表示标记，输出格式如表5–1所列，format以%开始，包含下面内容：

标志符flags（可选项），具体如表5–1所示。

宽度和精度（可选项），具体如表5–2所示。

图表类型定义（可选项）。

转换字符（可选项），具体如表5–3所示。

表5–1　　　　　　　　　　　　flags内容

| 字符 | 内容 | 例子 | 字符 | 内容 | 例子 |
|---|---|---|---|---|---|
| – | 左对齐 | %–5.2d | 空格 | 在数字前加空格 | %5.2d |
| + | 显示符号 | %+5.2d | 0 | 使用0补齐 | %05.2d |

表5–2　　　　　　　　　　　　宽度和精度内容

| 记号 | 内容 | 例子 |
|---|---|---|
| Field宽度 | 一个数字字符串，定义被打印的数字最小数目 | %6f |
| Precision精度 | 一个数字字符串，包含一个句点（.），定义最小点右边位数 | %6.2d |

表5–3　　　　　　　　　　　　转换符内容

| 记号 | 内容 | 记号 | 内容 |
|---|---|---|---|
| %c | 单个字符 | %g | 文件中的%c，或者%f更简洁形式，不重要的0不打印 |
| %d | 小数记号 | | |
| %e | 指数形式，如3.1415e+00 | %G | 同上，只是e换成E |
| %E | 指数形式，如3.1415E+00 | %i | 十进位 |
| %f | 固定点符号 | %g | 八进位 |
| %s | 写入字符串 | %x | 十六进位（小写） |
| %u | 十进位（不带符号） | %X | 十六进位（大写） |

表5–4是换行符、换页符的内容。

表5–4　　　　　　　　　　　　换行符、换页符

| 字符 | 内容 | 字符 | 内容 |
|---|---|---|---|
| \b | 后退键 | \t | 水平制表符 |
| \f | 进纸 | \\ | 表示反斜杠 |
| \n | 换行符 | \' or' | 单引号 |
| \r | 回车键 | %% | 一个百分号 |

例如，要在屏幕上显示"It's Friday."只需输入：

&gt;&gt; fprintf(1,'It"s Friday. \n')

输出结果为：

It's Friday.

# 三、从文本文件中读入格式化数据

## （一）textread 函数读取文本文件

MATLAB 从文本文件中读取格式化的数据函数是 textread。

调用方式：

[A,B,C,…] = textread('filename','format')

[A,B,C,…] = textread('filename','format',N)

[…] = textread(…,'param','value',…)

输入参数：

'filename'：需要读取的数据文件；

'format'：每行各个数据格式；

N：读取数据时使用 N 次。

当调用 textread 函数时会按照指定的格式从'filename'中读取数据，并将数据分别保存在变量 A，B，C 中，直到文件内容被读完为止。

下面是读取 C：\ 中的 test3. txt 文件操作。

【实验内容与步骤】读取 C：\ 中的 test3. txt 文件

输入如下指令：

&gt;&gt; ! type c:\text3. txt

&gt;&gt; [a1 a2 a3] = textread('c:\text3. txt','% s % f % f')

【实验结果】

a1 =

　　'Q1'

　　'Q2'

a2 =

　　1

　　3

a3 =

　　2

　　4

这样，text3. txt 中的每行分别读入变量 a1，a2，a3。

### （二）textscan 函数读取文本数据

对于具有多行文字说明文本数据文件，最好的办法则是用 textscan 函数读取，或者是用 fscanf 函数读取。

调用方式：

$C = \text{textscan}(\text{fid},'\text{format}')$

$C = \text{textscan}(\text{fid},'\text{format}',N)$

$C = \text{textscan}(\text{fid},'\text{format}',\text{param},\text{value},\dots)$

$C = \text{textscan}(\text{fid},'\text{format}',N,\text{param},\text{value},\dots)$

输入参数：

fid：为 fopen 命令返回的文件标识符；

format：是一个字符串变量，表示读取文件数据及数据转换的规则。format 中包含了多种方式，其内容如表 5 -5 所列。

表 5 -5                        format 方式

| 数据转换规则 | 说明 |
|---|---|
| % n | 读取一个数字并转换为 double |
| % d | 读取一个数字并转换为 int32 |
| % d8 | 读取一个数字并转换为 int8 |
| % d16 | 读取一个数字并转换为 int16 |
| % d32 | 读取一个数字并转换为 int32 |
| % d64 | 读取一个数字并转换为 int64 |
| % u | 读取一个数字并转换为 unit32 |
| % u8 | 读取一个数字并转换为 unit8 |
| % u16 | 读取一个数字并转换为 unit16 |
| % u32 | 读取一个数字并转换为 unit32 |
| % u64 | 读取一个数字并转换为 unit64 |
| % f4 | 读取一个数字并转换为 double |
| % f32 | 读取一个数字并转换为 float |
| % f64 | 读取一个数字并转换为 double |
| % s | 读取一个字符串 |
| % q | 读取一个可以是双引号括着的字符串 |
| % c | 读取一个字符，包括空格 |
| % [ … ] | 读取和括号中字符串相匹配的字符，读取操作在首次遇到不匹配的字符和空格时停止，例如% [ mus ] 把 summer 读成 summ |
| % [ ' … ] | 读取和括号中字符串不匹配的字符，读取操作在首次遇到不匹配的字符和空格时停止，例如% [ ' mus ] 把 summer 读成 er |

textscan 所支持的数字单元宽度声明有两种，具体如表 5 – 6 所列。

表 5 – 6　　　　　　　　　　**textscan 支持的数据读入格式**

| 名称 | 说明 |
|---|---|
| N | 读取包括小数点在内的 N 个数字或者遇到的分隔符，例如%5f32 会把 473. 238 读为 473. 2 |
| N. D | 读取包括小数点在内的 N 个数字或者遇到的分隔符，返回的数字在小数点后有 D 位数，例如% 7. 2f 会把 473. 238 读为 473. 23 |

下面建立新文件 text1. txt，文件前两行是字符串，后两行是数组，首先查看其内容。

输入如下指令：

>>! type d:\text1. txt

输出结果为：

a1

a2

1

2

**注意**：在 Command 窗口下输入"！"后就可以直接执行 DOC 命令。

### (三) 带有间隔符的文本数据读写

1. 读入带有间隔符的数据文件

有时数据与数据之间带有间隔符，需要跳过这些间隔符，才能读入下一个数据，MATLAB 的 dlmread 函数可以执行此项功能。注意，该函数只能读入数据文件，不能读入非数据文件。

调用方式：

M = dlmread('filename')

M = dlmread('filename',delimiter)

M = dlmread('filename',delimiter,R,C)

M = dlmread('filename',delimiter,range)

输入参数：

'filename'：等待读入的数据文件；

Delimiter：数据文件中有间隔符，默认的间隔符是逗号；

R，C：读入数据的起始位置；

range：读入数据的位置，前面两个表示起始的行与列，后面表示区域数据的终止行与列。

**注意**：如果数据文件没有间隔符，delimiter 用''代替。

**【实验内容与步骤】** 将矩阵读入 MATLAB

输入如下指令：

>>！type d：\myfile. txt

>> M = dlmread('d：\myfile. txt',")

**【运行结果】**

输出结果为：

8　1　6
3　5　7
4　9　2

M =

　　8　1　6
　　3　5　7
　　4　9　2

如果仅仅读入第三行，则指令如下：

>>！type d：\myfile. txt

>> M = dlmread('d：\myfile. txt',",2,0)

**【运行结果】**

输出结果如下：

M =

　　4　9　2

**注意**：数据起始于第 0 行第 0 列。

2. 写入带有间隔符的数据文件

调用方式：

M = dlmwrite('filename',M)

M = dlmwrite('filename',M,'D')

M = dlmwrite('filename',M,'D',R,C)

M = dlmwrite('filename',M,attribute1,value1,attribute2,value2,...)

M = dlmwrite('filename',M,'-append')

M = dlmwrite('filename',M,'-append',attribute-value list)

输入参数：

'filename'：写入数据的文件名；

M：MATLAB 中变量；

'D'：间隔符；

R：数据起始的行；

C：数据起始的列，R = 0，C = 0 表示从第 1 行第 1 列开始写入

数据；

'-append'：添加数据操作，否则将删除旧数据；

attribute1：属性1；

value1：属性1的值。其内容如表5-7所列。

表5-7　　　　　　　dlmwrite 函数属性的内容

| 属性 | 内容 | 属性 | 内容 |
|------|------|------|------|
| delimiter | 间隔符 | coffset | 新老数据间隔列数 |
| roffset | 新老数据间隔行数 | presion | 数据精度，如%10.5f |

【实验内容与步骤】将一个三阶魔方矩阵写入文件 myfile. txt 中

输入如下指令：

>> M = magic(3);

>> dlmwrite('myfile. txt',M,'delimiter','\t','precision',6)

>> ! type myfile. txt

【运行结果】

输出结果如下：

8　1　6

3　5　7

4　9　2

## （四）Excel 数据文件读写

1. 读出 Excel 文件数据

调用方式：

num = xlsread['filename']

如果 filename 中有非双精度数据则会忽略该数据，会导致数据减少。

num = xlsread['filename', -1]

num = xlsread['filename',sheet]

num = xlsread['filename','range']

num = xlsread['filename',sheet,'range']

[num,txt] = xlsread['filename',sheet,'range']

输入参数：

'filename'：Excel 格式的数据文件名称；

sheet：Excel 文件中的表的名称；

'range'：表中单元格的区域。

输出参数：

num：读入 Excel 文件数据；

txt：保存文本内容。

例如，Excel 中 testdata1. xls 文件内容如图 5－8 所示。

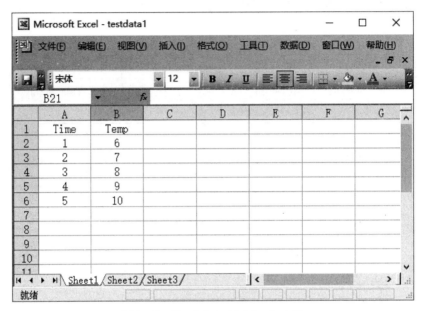

图 5－8　Excel 中 testdata1. xls 文件

将该文件读入 MATLAB 中，数据保存在变量 A 中。

输入如下指令：

>> A = xlsread('testdata1. xls')

输出结果：

A =

|   |    |
|---|----|
| 1 | 6  |
| 2 | 7  |
| 3 | 8  |
| 4 | 9  |
| 5 | 10 |

如果 Excel 文件中有文件头，则需要增加一个输出变量保存数据头。

输入如下指令：

>> [A, headertext] = xlsread('testdata1. xls')

输出结果为：

A =

|   |   |
|---|---|
| 1 | 6 |
| 2 | 7 |

$$
\begin{array}{cc}
3 & 8 \\
4 & 9 \\
5 & 10
\end{array}
$$

headertext =

　　'Time'　　'Temp'

2. 写入 Excel 数据文件

通常也可以将 MATLAB 中的数据读入 Excel 中，所用函数是 xlswrite。

调用方式：

xlswrite('filename', M)

xlswrite('filename', M, sheet)

xlswrite('filename', M, 'range')

xlswrite('filename', M, sheet, 'range')

输入参数：

'filename'：Excel 格式的数据文件名称；

M：MATLAB 中变量；

sheet：Excel 文件中工作簿；

'range'：Excel 文件中工作簿的数据区域。

例如，在 MATLAB 中创建一个魔方矩阵，然后将其写入 Excel 中。

【实验内容与步骤】

输入如下指令：

>> M = magic(3)

>> xlswrite('abc', M, 'Sheet1', 'A2:C4')　　% 将数据写入

【运行结果】

输出结果为：

M =

$$
\begin{array}{ccc}
8 & 1 & 6 \\
3 & 5 & 7 \\
4 & 9 & 2
\end{array}
$$

## 第三节　金融时间序列的创建

由于金融数据大部分表现为时间序列，为了便于运算和绘图，MATLAB 有专门的实践序列格式保存时间序列数据。时间序列数据变量的扩展名为 .fints，该变量把时间数据保存在第一列，其他列为观

察值，时间序列变量运算时变量的内容发生变化，但时间不变。

**【实验内容与步骤】**

（1）利用通达信股票交易软件进行数据导出。选择某一个股票，设定交易日期、开盘价、收盘价、最高价、最低价、成交量六个数据列，第一行为数据列的汉字名称，第二行为数据列的英语名称（date，open，close，high，low，volume），第三行开始为历史交易数据，即日 K 线数据。存入文件名 ftsdata. xls，如图 5 –9 所示。

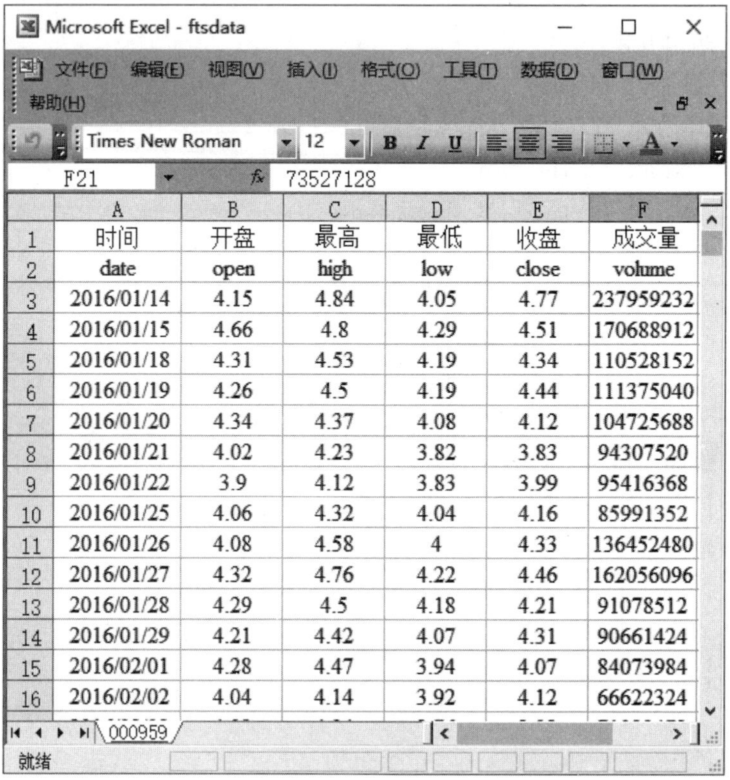


| | A | B | C | D | E | F |
|---|---|---|---|---|---|---|
| 1 | 时间 | 开盘 | 最高 | 最低 | 收盘 | 成交量 |
| 2 | date | open | high | low | close | volume |
| 3 | 2016/01/14 | 4.15 | 4.84 | 4.05 | 4.77 | 237959232 |
| 4 | 2016/01/15 | 4.66 | 4.8 | 4.29 | 4.51 | 170688912 |
| 5 | 2016/01/18 | 4.31 | 4.53 | 4.19 | 4.34 | 110528152 |
| 6 | 2016/01/19 | 4.26 | 4.5 | 4.19 | 4.44 | 111375040 |
| 7 | 2016/01/20 | 4.34 | 4.37 | 4.08 | 4.12 | 104725688 |
| 8 | 2016/01/21 | 4.02 | 4.23 | 3.82 | 3.83 | 94307520 |
| 9 | 2016/01/22 | 3.9 | 4.12 | 3.83 | 3.99 | 95416368 |
| 10 | 2016/01/25 | 4.06 | 4.32 | 4.04 | 4.16 | 85991352 |
| 11 | 2016/01/26 | 4.08 | 4.58 | 4 | 4.33 | 136452480 |
| 12 | 2016/01/27 | 4.32 | 4.76 | 4.22 | 4.46 | 162056096 |
| 13 | 2016/01/28 | 4.29 | 4.5 | 4.18 | 4.21 | 91078512 |
| 14 | 2016/01/29 | 4.21 | 4.42 | 4.07 | 4.31 | 90661424 |
| 15 | 2016/02/01 | 4.28 | 4.47 | 3.94 | 4.07 | 84073984 |
| 16 | 2016/02/02 | 4.04 | 4.14 | 3.92 | 4.12 | 66622324 |

**图 5 –9　Excel 中 ftsdata. xls**

（2）按日期列升序排序，去掉日期前面的空格。

（3）本列右键属性改为 11 – Nov –04 格式，如图 5 –10 所示。

（4）另存为文件 ftsdatas. txt，选择制表符分割的方式保存。

（5）把 ftsdata. txt 放到自己设定的缺省工作目录备用。

（6）ftsdatas = ascii2fts（'ftsdata. txt'，2，2）。

（7）在 workspace 中，右键 ftsdata，另存为 ftsdata. mat，金融时间序列数据文件制作完毕。

（8）使用时调用方式：load ftsdata. mat。

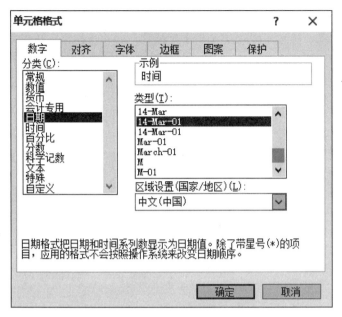

图 5 – 10　"单元格格式"界面

【实验编程与结果】

在指令窗中输入命令:

>> ftsdatas = ascii2fts('ftsdata. txt',2,2)

输出结果如图 5 – 11 所示。

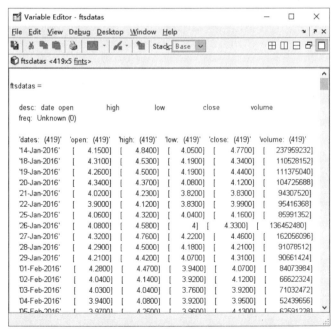

图 5 – 11　输出结果

**本章小结**

1. 在对数据处理前必须先读取数据，对数据的读取需正确操作。

2. 借助现有的行情交易软件系统，可以方便地获得即时证券交易数据。但是由于数据的版权与格式等方面的局限，获得的数据需要根据要求进行格式的转换。

**复习思考题**

1. 将一汽轿车（000800）2013年1月3日至2015年12月1日的价格数据保存在 yiqi.txt 中，并且保存为一个 mat 文件。

2. 选择浦发银行（600000），生成金融时间序列数据。

# 第六章
# 金融数据的模拟实验

【实验目的与要求】
◇掌握多种随机分布的模拟；
◇实现预定分布的证券价格模拟。

## 第一节　实验准备知识

## 一、概率分布

设随机变量 X，对任意的 x，定义 $F(x) = P(X \leq x)$ 为随机变量 X 的分布函数。

当 X 为离散型随机变量时，X 的期望（也称均值）为：

$$E(X) = \sum_i x_i P(X = x_i)$$

方差为：

$$var(X) = E\{[X - E(X)]^2\}$$

当 X 为连续型随机变量时，X 的分布函数也可以表示为一个非负函数 $f(x)$ 的积分，即：

$$F(x) = \int_{-\infty}^{x} f(x) dx$$

则称 $f(x)$ 为 X 的概率密度函数。随机变量 X 的均值为：

$$E(X) = \int_{-\infty}^{+\infty} f(x) dx$$

方差为：

$$var(X) = E\{[X - E(X)]^2\}$$

## 二、离散均匀分布

若随机变量 X 的概率函数为：

$$P(X = x_i) = \frac{1}{n} \quad i = 1, 2, \cdots, n$$

则称 X 服从离散的均匀分布。

## 三、连续均匀分布

若随机变量 X 的概率密度函数为：

$$f(x) = \begin{cases} \dfrac{1}{b-a} & a \leqslant x \leqslant b \\ 0 & \text{其他} \end{cases}$$

则称 X 服从区间 [a, b] 上的连续均匀分布，记为 X ~ U(a, b)。随机变量 X 的期望为：

$$E(X) = \frac{a+b}{2}$$

方差为：

$$\text{var}(x) = \frac{(b-a)^2}{12}$$

## 四、二项分布

若随机变量 X 的概率函数为：

$$P(X = k) = C_n^k p^k (1-p)^{n-k} \quad k = 0, 1, \cdots, n, \ 0 < p < 1,$$

则称 X 服从二项分布，记为 X ~ B(n, p)。它的期望为：

$$E(X) = np$$

方差为：

$$\text{var}(x) = np(1-p)$$

## 五、指数分布

若随机变量 X 的概率密度函数为：

$$f(x) = \begin{cases} \dfrac{1}{\lambda} e^{-\frac{x}{\lambda}} & x > 0 \\ 0 & x \leqslant 0 \end{cases}$$

其中，参数 $\lambda > 0$，则称 X 服从指数分布，记为 X ~ Exp($\lambda$)。它的期望为：

$$E(X) = \lambda$$

方差为：

$$\text{var}(X) = \lambda^2$$

## 六、泊松分布

若随机变量 X 的概率分布函数为：

$$P(X = k) = \frac{\lambda^k e^{-\lambda}}{k!} \quad k = 0,1,2,\cdots,\lambda > 0$$

则称 X 服从参数为 $\lambda$ 的泊松分布，记为 $X \sim P(\lambda)$。其期望为：

$$E(X) = \lambda$$

方差为：

$$var(X) = \lambda$$

## 七、正态分布

若随机变量 X 的概率分布函数为：

$$f(x) = \frac{1}{\sqrt{2\pi}\sigma} e^{-\frac{(x-\mu)^2}{2\sigma^2}} \quad -\infty < x < +\infty$$

其中，$\sigma > 0$，则称 X 服从正态分布，记为 $X \sim N(\mu, \sigma^2)$。它的期望为：

$$E(X) = \mu$$

方差为：

$$var(X) = \sigma^2$$

当 $\mu = 0$，$\sigma = 1$ 时，称 X 服从标准正态分布，记为 $X \sim N(0,1)$。

正态分布是非常重要的一种分布，很多重要模型的前提假设都是正态分布。正态分布具有以下几个重要性质：

密度函数关于 $x = \mu$ 对称，呈现中间高、两边低的现象，在 $x = \mu$ 处取得最大值。

当 $\mu$ 的取值发生变动时，密度函数图像沿 x 轴平移；当 $\sigma$ 的取值变大或变小时，密度函数图像变得平缓或陡峭。

若 $X \sim N(\mu, \sigma^2)$，则 $\frac{x - \mu}{\sigma} \sim N(0,1)$。

## 八、$\chi^2$（卡方）分布

设随机变量 $X_1, X_2, \cdots, X_n$ 相互独立，且均服从标准正态分布，则称随机变量 $\chi^2 = \sum_{i=1}^{n} X_i^2$ 所服从的分布就自由度为 n 的 $\chi^2$ 分布，记为 $\chi^2 \sim \chi^2(n)$。

## 九、t 分布

设随机变量 X 与 Y 相互独立，$X \sim N(0, 1)$，$Y \sim \chi^2(n)$，则称随机变量 $t = \dfrac{X}{\sqrt{Y/n}}$ 所服从的分布是自由度为 n 的 t 分布，记作 $t \sim t(n)$。

## 十、F 分布

设随机变量 X 与 Y 相互独立，$X \sim \chi^2(n_1)$，$Y \sim \chi^2(n_2)$，则称随机变量 $F = \dfrac{X/n_1}{Y/n_2}$ 所服从的分布是自由度为 $(n_1, n_2)$ 的 F 分布，记作 $F \sim F(n_1, n_2)$。其中 $n_1$ 称为第一自由度，$n_2$ 称为第二自由度。

## 第二节　金融数据的模拟实验

生成特定分布的随机数可以使用相应的随机数生成函数。

## 一、正态分布随机数生成函数

语法：
R = normrnd(mu, sigma)
R = normrnd(mu, sigma, v)
R = normrnd(mu, sigma, m, n)
输入参数：
Mu：均值；
Sigma：标准差；
V：方阵行数；
M：行数；
N：列数。
输出参数：
R：随机数矩阵。

【例 6-1】请生成两个 6×5 的随机数矩阵。第一个矩阵的每个元素都遵循均值为 6、标准差为 2.4 的正态分布；第二个矩阵的每个元素都遵循自由度为 5 的 t 分布。

利用随机数生成函数生成矩阵，编程如下：

```
>> mu = 6；
>> sigma = 2.4；
>> m = 6；
>> n = 5；
>> r = normrnd(mu,sigma,m,n)
```

执行结果如下：

```
r =
    4.9618    8.8540    4.5880    5.7704    4.3397
    2.0026    5.9097   11.2396    4.0024    8.0592
    6.3008    6.7855    5.6726    6.7066    9.0096
    6.6904    6.4191    6.2734    2.7932    2.1750
    3.2485    5.5519    8.5602    7.7144    2.5417
    8.8582    7.7419    6.1423    9.8965    7.3708
```

## 二、t 分布随机数生成函数

语法：

R = trnd(V)

R = trnd(v,m)

R = trnd(V,m,n)

输入参数：

V：自由度；

M：行数，如果只有行数，则是方阵的行数；

N：列数。

输出参数：

R：随机数矩阵。

利用随机数生成函数生成矩阵，编程如下：

```
>> v = 5；
>> m = 6；
>> n = 6；
>> r = trnd(v,m,n)
```

执行结果如下：

```
r =
   -0.3414    1.4626   -0.7425   -2.1733    0.5594    0.0000
    0.6163   -1.4333    1.7212   -0.0588   -0.6712   -0.2847
    0.8643   -0.0391   -0.7094   -1.6011    0.5158    1.6018
    0.6174   -0.1827    0.4426    0.8698   -1.3283   -2.2093
```

| 1.1556 | −1.6560 | 0.1763 | 0.3926 | −0.0182 | 0.7359 |
| 0.7854 | 0.2493 | −1.4505 | 1.9023 | −0.0745 | 2.7108 |

# 三、特定分布的随机数生成函数

语法：

R = random( obj, [ p··· ], m, n )

输入参数：

Obj：分布名称，

[ p··· ]：相应分布的对应参数值，

m：行数，

n：列数。

输出参数：

R：随机数矩阵。

因此，本例也可以利用特定分布的随机数生成函数生成矩阵，编程如下：

```
>> mu = 6;
>> sigma = 2.4;
>> v = 5;
>> m = 6;
>> n = 5;
>> R1 = random( 'norm', mu, sigma, m, n )    %生成第一个矩阵
>> R2 = random( 't', v, m, n )    %生成第二个矩阵
```

执行结果如下：

R1 =

| 8.3672 | 3.7268 | 3.0784 | 6.3087 | 2.8334 |
| 4.7553 | 5.1014 | 5.9011 | 7.5755 | 8.2349 |
| 6.7857 | 3.1539 | 3.2920 | 3.1972 | 6.0270 |
| 6.5617 | 3.4658 | 2.7617 | 4.8945 | 4.4517 |
| 6.0515 | 9.5340 | 5.3734 | 5.3701 | 7.9337 |
| 3.5905 | 6.1338 | 8.2883 | 3.0884 | 6.5559 |

R2 =

| −1.0503 | −1.3275 | −0.8722 | −0.1521 | −0.0621 |
| 1.8109 | −0.0494 | −1.4873 | −0.0621 | 1.8942 |
| 0.2619 | −0.2601 | −0.2406 | 0.4146 | −1.1436 |
| 1.3310 | −1.7612 | 0.8303 | −0.3559 | −1.3050 |
| 1.3122 | 0.5493 | −0.9004 | −0.2789 | 0.3208 |

$$-1.8791 \quad 2.0561 \quad -1.4703 \quad -0.6933 \quad -0.7766$$

下面我们将列举常用的随机分布随机数生成函数，如表 6 - 1 所示。

表 6 - 1 常用随机分布随机数生成函数

| 分布名称 | 随机数生成函数 | |
|---|---|---|
| 二项分布 | R = binornd( n, p, m, n) | R = random('bino', n, p, m, n) |
| 卡方分布 | R = chi2rnd( v, m, n) | R = random('chi2', v, m, n) |
| 指数分布 | R = exprnd( mu, m, n) | R = random('exp', mu, m, n) |
| Beta 分布 | R = betarnd( a, b, m, n) | R = random('beta', a, b, m, n) |
| 正态分布 | R = normrnd( mu, sigma, m, n) | R = random('norm', mu, sigma, m, n) |
| 泊松分布 | R = poissrnd( lambda, m, n) | R = random('poiss', lambda, m, n) |
| t 分布 | R = trnd( v, m, n) | R = random('t', v, m, n) |
| F 分布 | R = frnd( $v_1$, $v_2$, m, n) | R = random('f', $v_1$, $v_2$, m, n) |

## 四、预定分布的证券价格模拟

【例 6 - 2】某人持有 A 公司的股票，该公司现在的股价为 10 元，根据该公司历史股票交易数据，已知该公司的股价年平均收益率为 10%，遵循标准差为 0.4 的正态分布。请利用已知条件模拟以后两年内（每年有 250 个交易日）的股价走势。

本例中，模拟以后两年内的股价走势，需要估计该公司股票每天的股价收益率。已知该公司股价收益率的分布，因此，我们可以调用随机数生成函数产生符合该分布的随机数，进而模拟该公司的股价走势，使用绘图函数将其形象地表现出来。

绘图函数语法：

Plot( x, y)

说明：plot( x, y) 以 x 矩阵中元素为横坐标值，y 矩阵中元素为纵坐标值绘制曲线。在（x, y）坐标下绘制二维图像，支持多个 x - y 二元结构。

注意：绘图函数除了可以绘制二维图像，还可以绘制三维图像、等高线图形等多种图形，且可以对其线条样式、颜色等进行设置。

具体编程如下：

```
>> %股价走势模拟
>> Price = 0.1；  %设定股价初始价格
>> mu = 1.1^(1/250) - 1；  %计算日平均收益率
>> sigma = 0.4/sqrt(250)；  %计算日收益率的标准差
```

>> N = 250 * 2；　% 两年的交易天数

>> dist1 = 'norm'；　% 股价收益率走势

>> Rate = random(dist1, mu, sigma, N, 1)；　% 使用随机数生成模
拟股票日收益率

>> Price = Price * cumprod(Rate + 1)；　% 计算两年的股票价格

>> plot(Price(:, 1))　% 绘制两年的股价走势

>> xlabel('time')　% 改变 x 轴名称

>> ylabel('price')　% 改变 y 轴名称

执行结果如图 6 - 1 所示。

图 6 - 1　绘图函数执行结果

　　由于股票日收益率是通过随机数生成函数模拟的，因此每次执行的结果都会有不同。

　　某人持有某金融产品，一份该金融产品包含 A 公司股票和 B 公司股票各 1 股。根据该公司历史股票交易数据，A 公司股价的年平均收益率为 10%，遵循标准差为 0.4 的正态分布；B 公司股价遵循的年平均收益率为 12%，遵循标准差为 0.6 的正态分布。已知 A 公司股价现为 10 元，B 公司股价现为 8 元。请利用已知条件模拟以后 1 年

内（每年有 250 个交易日）该金融产品的价格走势。

本例中，模拟该金融产品的价格需要分别模拟 A 公司股价和 B 公司股价。模拟单支股票价格的过程可以重复例 6 - 2。但是，市场中的金融产品共同取决于众多股票价格，因此我们可以利用定义、调用子函数，分别对众多股价进行模拟。

子函数语法：

function [out1, out2, ...] = funname(in1, in2, ...)

**说明：**

[out1, out2, ...]：要求输出的变量；

Funname：定义的函数名；

(in1, in2, ...)：要求输入的变量。

定义子函数，具体编程如下：

function Price = RandnPrice(dist, Price0, mu, sigma, N)

Rate = random(dist, mu, sigma, N, 1)　%生成随机数

Price = Price0 * cumprod(Rate + 1)

**请注意：**子函数不能单独运行，必须在其他程序中被调用。

主程序具体编程如下：

```
>> Price0 = 18;   %定于初始价格及相关参数
>> Price1 = 10;
>> Price2 = 8;
>> mu1 = 1. 1^(1/250) - 1;
>> sigma1 = 0. 4/sqrt(250);
>> mu2 = 1. 12^(1/250) - 1;
>> sigma2 = 0. 6/sqrt(250);
>> N = 250 * 2;
>> dist = 'norm';
>> Price1t = RandnPrice(dist, Price1, mu1, sigma1, N);   %调用子
函数,确定成分股的股价变化
>> Price2t = RandnPrice(dist, Price2, mu2, sigma1, N);
>> Price = Price1t + Price2t;   %确定金融产品价格变化
>> Plot(Price(:, 1))   %绘制金融产品价格变化走势
>> xlabel('time')   %改变 x 轴名称
>> ylabel('price')   %改变 y 轴名称
```

执行结果如图 6 - 2 所示。

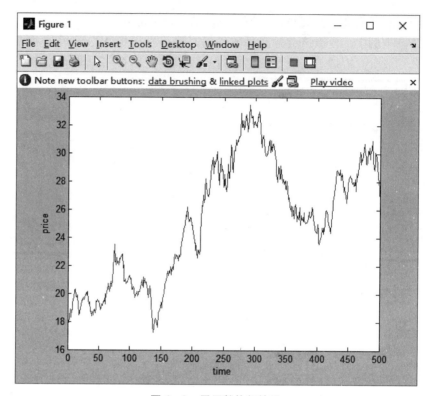

图 6 - 2　子函数执行结果

**本章小结**

1. 金融数据模拟实验涉及众多随机数生成函数,对每个函数都需要了解其原理,以便于根据不同的需要调用不同的随机数生成函数。

2. 对众多股价进行模拟时,利用定义、调用子函数。要注意 function 函数如何在主函数中调用。

**复习思考题**

1. 某人持有某公司的股票,该公司现在的股价为 15 元,根据该公司历史股票交易数据,已知该公司的股价年平均收益率为 15%,遵循标准差为 0.4 的正态分布。请利用已知条件模拟以后两年内(每年有 250 个交易日)的股价走势。

2. 使用 t 分布随机数生成函数生成自由度为 5,7 行 8 列的矩阵。

# 第七章
# 证券技术分析指标设计实验

【实验目的与要求】

◇了解主要技术指标的设计方法；

◇掌握 MACD 指标的计算方法；

◇掌握 WMS 指标的计算方法；

◇掌握 RSI 指标的计算方法；

◇掌握 OBV 指标的计算方法；

◇掌握多种技术指标的同屏设计与实现。

## 第一节  证券技术分析指标基础知识

## 一、金融分析方法概述

对于金融市场波动逻辑和规律的认知，是一个极具挑战性的世界级难题。迄今为止，尚没有任何一种理论和方法能够令人信服并且经得起时间检验。2013 年，瑞典皇家科学院在授予罗伯特·席勒等人该年度诺贝尔经济学奖时指出：几乎没什么方法能准确预测未来几天或几周股市债市的走向，但也许可以通过研究对 3 年以上的价格进行预测。

当前，从研究范式的特征和视角来划分，投资分析方法主要有如下三种：基本分析、技术分析、演化分析，在实际应用中它们既相互联系，又有重要区别。具体内容包括：

（1）基本分析（Fundamental Analysis）：以企业内在价值作为主要研究对象，通过对决定企业内在价值和影响股票价格的宏观经济形势、行业发展前景、企业经营状况等进行详尽分析（一般经济学范式），以大概测算上市公司的长期投资价值和安全边际，并与当前的股票价格进行比较，形成相应的投资建议。基本分析认为股价波动轨迹不可能被准确预测，而只能在有足够安全边际的情况下"买入并长期持有"，在安全边际消失后卖出。

（2）技术分析（Technical Analysis）：以股票价格涨跌的外在和直观表现作为主要研究对象，以预测股价波动形态和趋势为主要目的，从股价变化的 K 线图表及技术指标入手（物理学或牛顿范式），对股市波动规律进行分析的方法总和。技术分析有三个颇具争议的前提假设，即市场行为包容消化一切；价格以趋势方式波动；历史会重演。国内比较流行的技术分析方法包括道氏理论、波浪理论、江恩理论等。

（3）演化分析（Evolutionary Analysis）：以股市波动的生命运动内在属性作为主要研究对象，从股市的代谢性、趋利性、适应性、可塑性、应激性、变异性、节律性等方面入手，对市场波动方向与空间进行动态跟踪研究，为股票交易决策提供机会和风险评估的方法总和。演化分析从股市波动的本质属性出发，认为股市波动的各种复杂因果关系或者现象，都可以从生命运动的基本原理中，找到它们之间的逻辑关系及合理解释，并为构建科学合理的博弈决策框架，提供令人信服的依据。

本章主要介绍技术指标的设计与实现。目前，证券市场上的各种技术指标数不胜数。例如，相对强弱指标（RSI）、随机指标（KD）、趋向指标（DMI）、平滑异同平均线（MACD）、能量潮（OBV）、心理线、乖离率等。这些都是很著名的技术指标，在股市应用中长盛不衰。而且，随着时间的推移，新的技术指标还在不断涌现。包括：DMA EXPMA（指数平均数）、TRIX（三重指数平滑移动平均）、BRARCR VR（成交量变异率）、ASI（振动升降指标）、EMV（简易波动指标）、WVAD（威廉变异离散量）、SAR（停损点）、CCI（顺势指标）、ROC（变动率指标）、BOLL（布林线）、WMS（威廉指标）、KDJ（随机指标）、RSI（相对强弱指标）、MIKE（麦克指标）。在技术分析的诸多指标中，MACD、RSI、KDJ 是三个比较常用的指标。

## 二、技术指标根据计算方法的分类

有五个价格可以用来作计算，开盘、收盘价，最高、最低价，还有不在 K 线上表明的中间价。有无数种数学方法可以用，除了加减乘除四则运算，还可以加权、平均、乘方开方、求对数，等等。最基本的指标是平均线，可以采用前五天的价格做平均，也可以采用之前十天的价格做平均，在 K 线上画出一条弯曲而美丽的曲线。根据计算方法，有三种平均线，即简单移动平均线、加权移动平均线、指数平滑移动平均线。第一类趋势指标就可以产生了，只要把不同周期的指数平滑移动平均线结合在一起，就会在图标上画出一条条线，这些线在市场单边运行的时候构成像鳄鱼张大了嘴巴一样的图形。这就是鳄鱼线。

BOLL 带也是根据移动平均线得来的，它还加入了 K 线斜率的参数，在平均线加减一个价格，形成了三条布林带。价格持续移动的时候，K 线斜率增高，在喇叭口放大的时候，在价格对三条轨道进行触碰的时候，有一定程度的调整。

CCI 虽然计算方法应当属于趋势指标，但因为它把负值直接应用于计算，所以也反映了一定程度的震荡。

因为价格的震荡有强弱，所以根据 K 线长短、影线高低的波动统计，聪明的交易员发明了震荡量指标。今天的价格可以和昨天的价格做比较，也可以和以前任何一天的价格做比较，都可以得出相对的结论。比如 RSI，KDJ 等。

RSI 即相对强弱指标。即用今天的收盘价格，与之前某天的价格做比较，绘出一条波动线，再将心率图一样的波动线，做一个系数的平均值，就得到了一条相对平滑的曲线。这条曲线在 0 ~ 100 个系数内波动。根据观察，很轻松就可以得出 30 和 70 可以作为交易的入手点。而在 RSI 的曲线上画切线，对照 K 线，可以得出市场的背离，或者叫市场的分歧。比如当股价有新高，而 RSI 值没有超越前边高点，就有可能出现背离，即市场即将反转。这时候，交易者就可以在RSI 下穿 70 的时候进行做空交易。

MACD，事实上是趋势指标和震荡量指标结合的产品。根据市场的成交量也可以统计出一类指标，比如描述大单小单的差值的 BBD、DDE 等国产专利技术。然而在 24 小时交易的国际市场里，成交量在不同交易所之间用不同货币进行，是无法形成统计的。

## 第二节　常用技术指标及其设计

### 一、MACD 指数

MACD（平滑异同平均线）指标主要是利用长短期两条平滑平均线来计算两者之间的差离值。该指标可以去除移动平均线经常出现的假讯号，同时保留了移动平均线的优点。但由于该指标对价格变动的灵敏度不高，属于中长线指标，所以在盘整行情中不适用。图中柱线由绿翻红是买入信号，由红翻绿是卖出信号。MACD 曲线由高档二次向下交叉时，则股价下跌幅度会较深；MACD 曲线由低档二次向上交叉时，则股价上涨幅度会较大。股价高点比前一次高点高，而 MACD 指标的高点却比前一次高点低时，为牛背离，暗示股价会反转下跌。参数：SHORT（短期）、LONG（长期）、M 天数，一般为 12、26、9。应用法则：当 DIF 与 DEA 均为正值，即都在零轴线以上时，大势属多头市场，DIF 向上突破 DEA，可作买；如果 DIF 向下跌破 DEA，只可作为平仓信号；当 DIF 与 DEA 均为负值，即都在零轴线以下时，大势属空头市场，DIF 向下跌破 DEA，可作卖。当 DEA 线与 K 线趋势发生背离时为反转信号。当 DEA 在盘局时，失误率较高，但如果配合 RSI 及 KD，可以适当弥补缺憾。分析 MACD 柱形图，当其由正变负时往往指示该卖，反之往往为买入信号。

### （一）实验内容与步骤

MACD 分析指标的数据转换与设计实现

（1）利用通达信股票交易软件进行数据导出。选择某一个股票，设定交易日期、开盘价、收盘价、最高价、最低价、成交量六个数据列，第一行为数据列的汉字名称，第二行为数据列的英语名称（date，open，close，high. low，volume），第三行开始为历史交易数据、日 K 线数据。存入文件名 ftsdata. xls。

（2）按日期列升序排序，去掉日期前面的空格。

（3）本列右键属性改为 11 – Nov –04 格式。

（4）另存为文件 ftsdatas. txt，选择制表符分割的方式保存。

（5）把 ftsdatas. txt 放到自己设定的缺省工作目录备用。

（6）ftsdatas = ascii2fts（'ftsdatas. txt'，2，2）。

（7）在 workspace 中，右键 ftsdatas，另存为 ftsdatas. mat，金融时间序列数据文件制作完毕。

（8）使用时调用方式：load ftsdatas. mat。

### （二）实验编程与结果

1. MACD 技术指标的程序设计

```
load ftsdatas. mat
subplot(2,1,1)
plot(macd(ftsdatas))
subplot(2,1,2)
```

highlow(ftsdatas)

macdc = macd(ftsdatas)

macdo = macd(ftsdatas,'OPEN')

plot(macdc)

plot(macdo)

2. 运行结果

程序运行后，计算机屏幕中会推出一个图形窗口 Figure1，窗口中显示 MACD 指标的图示，表示本段日期内的证券交易的均线系统（见图 7 − 1）。

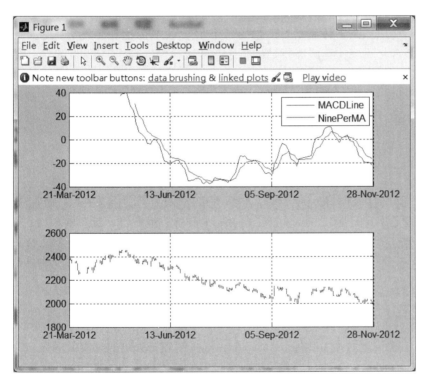

图 7 − 1　MACD 技术指标

## 二、WMS 指数

威廉指数（WMS）又称威廉超买超卖指数，它由拉瑞·威廉（Larry Williams）在 1973 年所著的《我如何赚取百万美元》一书中首先发表，因而以他的名字命名。威廉指数主要用于研究股价的波动，通过分析股价波动变化中的峰与谷决定买卖时机。它利用振荡点来反映市场的超买超卖现象，可以预测某个阶段的高点与低点，从而显示出有效的买卖信号。改进的 WMS 指标趋势研判技巧为：34 日 WMS 指标线可用于中期趋势的判断，当 34 日的 WMS 指标向上运行时，表示中期趋势向好；反之向下运行时，表示中期趋势向淡。当仅仅是 34 日 WMS 指标提示后市向好时，可适量参与短线操作。当 34 日 WMS 指标和 8 日、9 日 WMS 指标均同时提示后市向好时，可以大胆积极地参与短线。8 日、9 日 WMS 指标的趋势作为短线操盘的依据可以迅速提高短线交易的成功率。在 WMS 公式设计上和随机指标的设计原理比较相似。两者都是从研究股价波幅出发，通过分析一段时间内股票走势的最高价、最低价和收盘价这三者的关系，来反映市场买卖气氛的强弱，借以考察阶段性市场气氛、判断价格与理性投资价值标准相背离的程度。

应用法则：当威廉指数线高于 85，表示市场处于超卖状态，行情即将见底；当威廉指数线低于 15，表示市场处于超买状态，行情即将见顶。与相对强弱指数配合使用，可得出对大市走向较为准确的判断。这个指标与 RSI、MTM 指标配合使用，效果更好。参数为统计天数，一般取 14 天。

### （一）实验内容与步骤

威廉指数的数据转换与设计实现

（1）利用通达信股票交易软件进行数据导出。选择某一个股票，设定交易日期、开盘价、收盘价、最高价、最低价、成交量六个数据列，第一行为数据列的汉字名称，第二行为数据列的英语名称（date，open，close，high，low，volume），第三行开始为历史交易数据、日 K 线数据。存入文件名 ftsdata. xls。

（2）按日期列升序排序，去掉日期前面的空格。

（3）本列右键属性改为 11 – Nov – 04 格式。

（4）另存为文件 ftsdatas. txt，选择制表符分割的方式保存。

（5）把 ftsdatas. txt 放到自己设定的缺省工作目录备用。

（6）ftsdatas = ascii2fts（'ftsdatas. txt'，2，2）。

（7）在 workspace 中，右键 ftsdatas，另存为 ftsdatas. mat，金融时间序列数据文件制作完毕。

（8）使用时调用方式：load ftsdatas. mat。

### （二）实验编程与结果

1. WMS 技术指标的程序设计

```
load ftsdatas. mat
wms = willpctr( ftsdatas)
subplot( 2,1,1)
```

plot(wms)

hold on

plot(wms. dates, $-80 * ones(1, length(wms)),$ ' color ', $[0.5\ 0\ 0],$ '
linewidth ',2)

plot(wms. dates, $-20 * ones(1, length(wms)),$ ' color ', $[0\ 0.5\ 0],$ '
linewidth ',2)

subplot(2,1,2)

highlow(ftsdatas)

2. 运行结果

程序运行后，计算机屏幕中会弹出一个图形窗口 Figure1，窗口中显示 WMS 指标的图示（见图 7 - 2）。

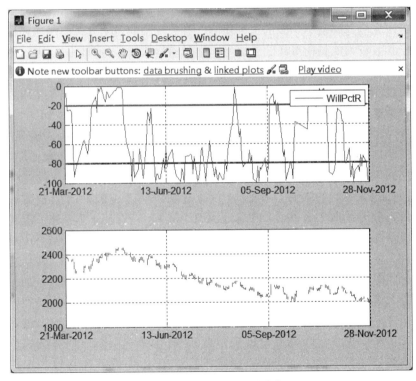

图 7 - 2　WMS 指数技术指标

## 三、RSI 指数

投资的一般原理认为，投资者的买卖行为是各种因素综合结果的反映，行情的变化最终取决于供求关系，而 RSI 指标（相对强弱指数）正是根据供求平衡的原理，通过测量某一个期间内股价上涨总幅度占股价变化总幅度平均值的百分比，来评估多空力量的强弱程度，进而提示具体操作的。RSI 的应用法则表面上比较复杂，包括了交叉、数值、形态和背离等多方面的判断原则。相对强弱指数 RSI 是根据一定时期内上涨和下跌幅度之和的比率制作出的一种技术曲线，能够反映出市场在一定时期内的景气程度。指数公式的目的是为了克服动能指标的构建过程中存在的两个问题：不规则变动和为了比较的需要而设立固定的交易区域。不规则变动是由股价剧烈的运动引起的，但在计算中逐渐消失，很多情况下股价在短时间内剧烈的下跌或上升可能造成动能曲线的突然改变，RSI 试图消除这种扭曲现象。RSI 公式不仅能够提供这种平滑特征，而且可以产生一个能够在 0 ~ 100 固定区域变动的指标。怀尔德推荐的默认时间跨度是 14 天，他论证了应用月周期 28 日的一半是有效的。关于 RSI 的使用，首先是观察两条或多条不同参数曲线的位置关系。RSI 不同参数曲线的使用方法完全与移动平均线的法则相同，参数较小的短期 RSI 曲线如果位于参数较大的长期 RSI 曲线之上，则目前行情属多头市场；反之，则为空头市场。由于参数较大的 RSI 计算的时间范围较大，因而结论会更可靠，但同均线系统一样无法回避反应较慢的缺点，这是在使用过程中要加以注意的。

　　RSI 值将 0 ~ 100 分成了从"极弱"、"弱"、"强"到"极强"四个区域。"强"和"弱"以 50 作为分界线，但"极弱"和"弱"之间以及"强"和"极强"之间的界限则要随着 RSI 参数的变化而变化。不同的参数，其区域的划分就不同。一般而言，参数越大，分界线离中心线 50 就越近，离 100 和 0 就越远。不过一般都应落在 15、30 ~ 70、85 的区间内。RSI 值如果超过 50，表明市场进入强市，可以考虑买入，但是如果继续进入"极强"区，就要考虑物极必反，准备卖出了。同理，RSI 值在 50 以下也是如此，如果进入了"极弱"区，则表示超卖，应该伺机买入。当 RSI 曲线在高位区或低位区形成了头肩形或多重顶（底）的形态时，可以考虑进行买卖操作。这些形态出现的位置离 50 中轴线越远，信号的可信度就越高，出错的可能性也就越小。对于 K 线的所有常规的形态分析方法，在对 RSI 曲线进行分析时都是适用的。最后，就是从 RSI 与股价的背离方面来判断行情。在 RSI 的各种研判方法中，用 RSI 与股价的背离来判断行情最为可靠。在股价不断走高的过程中，如果 RSI 处于高位，但并未跟随股价形成一个比一个高的高点，这预示股价涨升可能已经进入了最后阶段，此时顶背离出现，是一个比较明确的卖出信号。与这种情况相反的是底背离。RSI 的低位缓慢出现盘升，虽然股价还在不断下降，但 RSI 已经不再创出新低，这时表示跌势进入尾声，可以考虑适当时机进行建仓。

　　短期 RSI 是指参数相对小的 RSI，长期 RSI 是指参数相对较长的 RSI。比如，6 日 RSI 和 12 日 RSI 中，6 日 RSI 即为短期 RSI，12 日 RSI 即为长期 RSI。长短期 RSI 线的交叉情况可以作为我们研判行情的方法。

　　（1）当短期 RSI > 长期 RSI 时，市场则属于多头市场；

　　（2）当短期 RSI < 长期 RSI 时，市场则属于空头市场；

　　（3）当短期 RSI 线在低位向上突破长期 RSI 线，则是市场的买入信号；

　　（4）当短期 RSI 线在高位向下突破长期 RSI 线，则是市场的卖出信号。

### （一）实验内容与步骤

RSI 相对强弱指数的数据转换与设计实现

　　（1）利用通达信股票交易软件进行数据导出。选择某一个股票，设定交易日期、开盘价、收盘价、最高价、最低价、成交量六个数据列，第一行为数据列的汉字名称，第二行为数据列的英语名称（date，open，close，high. low，volume），第三行开始为历史交易数据、日 K 线数据。存入文件名 ftsdata. xls。

　　（2）按日期列升序排序，去掉日期前面的空格。

　　（3）本列右键属性改为 11 – Nov – 04 格式。

　　（4）另存为文件 ftsdatas. txt，选择制表符分割的方式保存。

　　（5）把 ftsdatas. txt 放到自己设定的缺省工作目录备用。

　　（6）ftsdatas = ascii2fts（'ftsdatas. txt'，2，2）。

　　（7）在 workspace 中，右键 ftsdatas，另存为 ftsdatas. mat，金融时间序列数据文件制作完毕。

　　（8）使用时调用方式：load ftsdatas. mat。

### （二）实验编程与结果

1. RSI 技术分析指标的程序设计

```
load ftsdatas. mat
rsi = rsindex( ftsdatas)
subplot(2,1,1)
plot( rsi)
hold on
plot( rsi. dates,30 * ones(1,length( rsi)),'color',[0.5 0 0],'line-width',2)
plot( rsi. dates,70 * ones(1,length( rsi)),'color',[0 0.5 0],'line-
```

width ',2)

    subplot（2,1,2）

    highlow（ftsdatas）

    2. 运行结果

程序运行后，计算机屏幕中会弹出一个图形窗口 Figure1，窗口中显示 RSI 指标的图示（见图 7 – 3）。

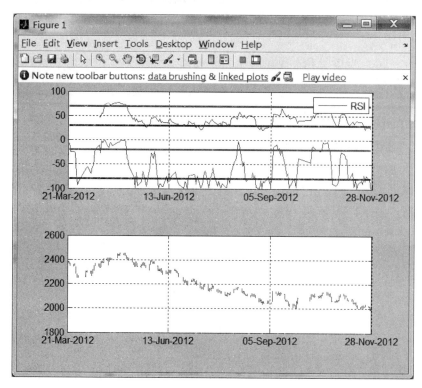

图 7 – 3　**RSI 相对强弱指数技术指标**

## 四、OBV 指数

OBV（能量潮）指数是将成交量数量化，制成趋势线，配合股价趋势线，从价格的变动及成交量的增减关系，推测市场气氛。其主要理论基础是市场价格的变化必须有成交量的配合，股价的波动与成交量的扩大或萎缩有密切的关联。通常股价上升所需的成交量总是较大；下跌时，则成交量可能放大，也可能较小。价格升降而成交量不相应升降，则市场价格的变动难以为继。

能量潮理论成立的依据主要包括：一是投资者对股价的评论越不一致，成交量越大；反之，成交量就小。因此，可用成交量来判断市场的人气和多空双方的力量。二是重力原理，上升的物体迟早会下跌，而物体上升所需的能量比下跌时多。涉及股市则可解释为：一方面股价迟早会下跌；另一方面股价上升时所需的能量大，因此股价的上升特别是上升初期必须有较大的成交量相配合，股价下跌时则不必耗费很大的能量，因此成交量不一定放大，甚至有萎缩趋势。三是惯性原则——动则恒动、静则恒静，只有那些被投资者或主力相中的热门股会在很大一段时间内成交量和股价的波动都比较大，而无人问津的冷门股，则会在一段时间内，成交量和股价波幅都比较小。

### （一）实验内容与步骤

OBV 能量潮指标的数据转换与设计实现

（1）利用通达信股票交易软件进行数据导出。选择某一个股票，设定交易日期、开盘价、收盘价、最高价、最低价、成交量六个数据列，第一行为数据列的汉字名称，第二行为数据列的英语名称（date，open，close，high. low，volume），第三行开始为历史交易数据、日 K 线数据。存入文件名 ftsdata. xls。

（2）按日期列升序排序，去掉日期前面的空格。

（3）本列右键属性改为 11 – Nov – 04 格式。

（4）另存为文件 ftsdatas. txt，选择制表符分割的方式保存。

（5）把 ftsdatas. txt 放到自己设定的缺省工作目录备用。

（6）ftsdatas = ascii2fts（'ftsdatas. txt'，2，2）。

（7）在 workspace 中，右键 ftsdatas，另存为 ftsdatas. mat，金融时间序列数据文件制作完毕。

（8）使用时调用方式：load ftsdatas. mat。

### （二）实验编程与结果

1. OBV 技术指标的程序设计

```
load ftsdatas. mat
obv = onbalvol（ftsdatas）
plot（obv）
```

2. 运行结果

程序运行后，计算机屏幕中会弹出一个图形窗口 Figure1，窗口中显示 RSI 指标的图示（见图 7 – 4）。

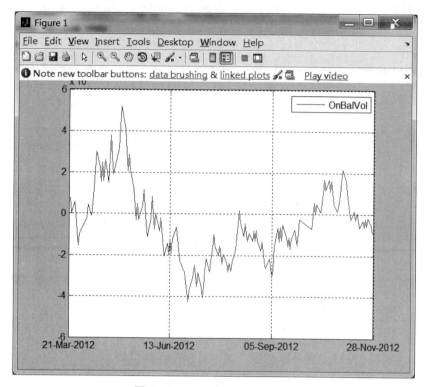

图7－4　OBV能量潮技术指标

## 第三节　多种技术指标的同屏设计与实现

在投资分析与决策过程中，投资者往往要参考多个技术指标的变化趋势，才能做出选择，这就提出了同步观察多个指标的需求。另外，在所有证券行情分析系统中，都存在同屏显示多只股票的同一个指标图形或多个指标图形的需求。

在MATLAB软件系统中，函数subplot就可以方便地实现上面提到这些功能。

函数subplot（m，n，p）的使用方法：subplot（m，n，p）或者subplot（m n p）。

subplot是将多个图画到一个平面上的工具。其中，m表示是图排成m行，n表示图排成n列，也就是整个figure中有n个图是排成一行的，一共m行，如果m＝2就是表示2行图。p表示图所在的位置，p＝1表示从左到右从上到下的第一个位置。

图7－5就是一个窗口中同时显示四种技术指标的情形。

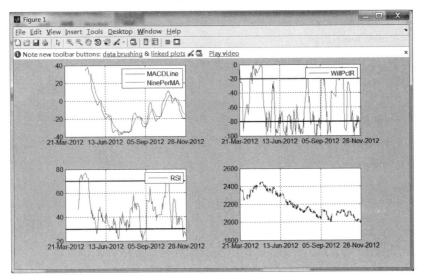

图 7-5　多技术指标同窗分析

其 MATLAB 设计如下：

```
load gp4. mat
candle( gp4( '20 - Mar - 2017：：16 - Nov - 2017') )
candle( gp4)
subplot( 2,2,4)
candle( gp4( '20 - Mar - 2017：：16 - Nov - 2017') )
candle( gp4)
% WMS
load gp3. mat
wms = willpctr( gp3)
subplot( 2,2,3)
plot( wms)
hold on
plot( wms. dates, - 80 * ones( 1,length( wms) ),'color',[ 0. 5 0 0],'
linewidth',2)
plot( wms. dates, - 20 * ones( 1,length( wms) ),'color',[ 0 0. 5 0],'
linewidth',2)
% macd
load gp1. mat
macdc = macd( gp1)
macdo = macd( gp1,'OPEN')
plot( macdc)
plot( macdo)
```

```
subplot(2,2,1)
plot(macd(gp1))
% OBV
load gp2. mat
obv = onbalvol(gp2)
subplot(2,2,2)
plot(obv)
plot(obv)
```

**本章小结**

1. 证券技术分析指标众多，对每一个指标的设计都需要了解该指标的设计原理，只有对指标的计算公式进行清晰的了解，才能进行指标设计的学习。

2. 借助现有的行情交易软件系统，可以方便地获得即时证券交易数据。但是由于数据的版权与格式等方面的局限，获得的数据需要根据要求进行格式的转换。

3. 每个指数指标的设计过程相似，多指标同屏显示可以方便投资者同时观察所需要的信息。

4. 在投资过程中，对现有指标的熟悉与判断固然重要，但这只是一个基本的要求，经过多年的投资经验积累和思考，应该有自己特有的投资心得，并把它转化成自己独有的财富，以更好地、更高效地得出符合自己投资期望的观察点。

**复习思考题**

1. 选择一个熟悉的技术指标，自己设计实现，并调整不同的参数，观察指标的变化，总结指标的使用原则。

2. 选择几个指标，设计编程在同一个窗口中同步显示。

# 第八章
# 投 资 组 合 理 论 计 算 实 验

【实验目的与要求】
◇掌握投资组合各相关特征的计算方法；
◇单个、多个股票的日收益率及其均值；
◇单个、多个股票的方差与标准差计算；
◇多只股票的协方差矩阵的计算；
◇投资组合的期望收益与方差计算；
◇有效前沿的计算与绘图。

## 第一节 投资组合理论基础知识

## 一、狭义的投资组合理论

借鉴前人用资产的收益均值即数学期望衡量投资者的预期收益，用资产收益率的方差衡量资产的风险的观点，诺贝尔经济学奖获得者马柯维茨（Harry M. Markowitz）经过大量观察和分析，认为若在具有相同回报率的两个证券之间进行选择的话，任何投资者都会选择风险小的。这同时也表明投资者若要追求高回报必定要承担高风险。同样，出于回避风险的原因，投资者通常持有多样化投资组合。马柯维茨从对回报和风险的定量出发，系统地研究了投资组合的特性，从数学上解释了投资者的避险行为，并提出了投资组合的优化方法。

一个投资组合是由组成的各证券及其权重所确定的，因此，投资组合的期望回报率是其成分证券期望回报率的加权平均。除了确定期望回报率外，估计出投资组合相应的风险也是很重要的。投资组合的风险是由其回报率的标准方差来定义的。这些统计量是描述回报率围绕其平均值变化的程度，如果变化剧烈则表明回报率有很大的不确定性，即风险较大。

从投资组合方差的数学展开式中可以看到投资组合的方差与各成分证券的方差、权重以及成分证券间的协方差有关，而协方差与任意两证券的相关系数成正比，相关系数越小，其协方差就越小，投资组合的总体风险也就越小。因此，选择不相关的证券应是构建投资组合的目标。另外，由投资组合方差的数学展开式可以得出：增加证券可以降低投资组合的风险。

基于回避风险的假设，马柯维茨建立了一个投资组合的分析模型，其要点为：

（1）投资组合的两个相关特征是期望回报率及其方差。

（2）投资将选择在给定风险水平下期望回报率最大的投资组合，或在给定期望回报率水平下风险最低的投资组合。

（3）对每种证券的期望回报率、方差和与其他证券的协方差进行估计和挑选，并进行数学规划（Mathematical Programming），以确定各证券在投资者资金中的比重。

投资组合理论的基本假设如下：

（1）证券市场是有效的。即投资者对于证券市场上每一种证券风险和收益的变动及其产生的因素等信息都是知道的，或者是可以得知的。

（2）投资者是风险的规避者。也就是说，他们不喜欢风险，如果他们承受较大的风险，必须得到较高的预期收益以资补偿，在两个其他条件完全相同的证券组合中，他们将选择风险较小的那一个。风险是通过测量收益率的波动程度（用统计上的标准差来表示）来度量的。

（3）投资者对收益是不满足的。就是说，他们对较高收益率的偏好胜过对较低收益率的偏好，在两个其他条件完全相同的证券组合中，投资者选择预期收益率较高的那一个。

（4）所有的投资决策都是依据投资的预期收益率和预期收益的标准差而做出的。这便要求投资收益率及其标准差可以通过计算得知。

（5）每种证券之间的收益都是有关联的，也就是说，通过计算可以得知任意两种证券之间的相关系数，这样才能找到风险最小的证券组合。

（6）证券投资是无限可分的。也就是说，一个具有风险的证券可以以任何数量加入或退出一个证券组合。

（7）在每一种证券组合中，投资者总是企图使证券组合收益最大，同时组合风险最小。因此，在给定风险水平下，投资者想得到最大收益；在给定收益水平下，投资者想使投资风险最小。

（8）投资收益越高，投资风险越大；投资收益越低，投资风险越小。

（9）投资者的任务是决定满足上述条件的证券组合的有效集合（又称有效边界）。有效集合中的每一元素都是在某一风险水平下收益最大的证券组合。

## 二、投资组合理论的拓展

### （一）基于交易费用和流动性的投资组合理论

如果市场是无效的和存在摩擦的，就会导致交易成本的存在，而开放式基金的流动性直接与交易成本相关。关于市场摩擦的投资组合问题，一种研究是利用随机控制方法，得到有市场摩擦的情况下，在一定风险区间内并且在接近区间的边界时作最小交易是合理的；另一种研究是利用粘度理论方法，并利用有限差分法研究具有交易成本的多资产的期终财富最大化。

最近的研究认为证券的流动性是证券价值的决定性因素，相对于流动性证券来说，非流动性证券的定价总是存在一定的折扣。

### （二）基于风格投资的投资组合理论

风格投资始于 1992 年夏普（William F. Sharpe）的论文《资产配置：风格管理与业绩评价》。风格投资在国外的研究主要集中在以下几方面：

第一，投资风格的分析。目前普遍接受的风格分析方法主要有基于收益和基于组合的风格分析。前者是由夏普提出的，他认为通过比较基金的收益和所选择的风格指数收益之间的关系可以判定基金管理人在过去一段时间的投资风格；后者主要是根据基金实际持有的股票特征来划分基金的投资风格。某些研究发现，对于小样本基金，基于组合分析来预测风险比基于收益的分析方法具有更高的相关性，对于中小盘和成长型组合，两种分析方法存在显著差异。但对于大盘价值型组合，两种风格分析方法所得结果相似。

第二，风格投资的表现及形成原因研究。风格投资常常表现出小市值效应（投资于小规模公司股票所获得的收益要高于投资于大规模公司股票）和 BV/MV 效应（净资产/市值）。如最小一类公司股票的平均收益率要高出最大一类股票；公司股票的平均收益与其 BV/MV 呈正相关关系等。出现这种现象可以解释为：其一，风格投资的超额收益是对风险的补偿，而这些风险被正统的资本资产定价模型所遗漏；其二，超额收益是由于投资者对某种股票过去表现的过度反应所致；其三，由于具有某种相同属性的公司分享着某些共同特征，因而有可能同时出现一些经营上的问题而导致上述两种效应；其四，计算方法的选择以及数据处理等人为原因造成的。

第三，风格投资的周期性与风格转换策略。从价值型/成长型或大盘股等角度来看，风格投资在不同时期有着不同表现，存在周期性。例如，美国、日本股票市场中，小盘股与大盘股存在间隔表现；美国、加拿大证券市场存在着价值型组合与成长型组合收益率较为明显的周期性。由于风格投资具有周期性，因而投资者可以通过风格转换以获取更好收益。

第四，风格投资对证券市场的影响。风格投资理论解释了为什么在同一证券市场挂牌的基金虽持有完全不同的股票，但却同涨同跌；同样也可以解释在不同交易所上市的同种股票却有着不同表现的原因。

## （三）基于连续时间的长期投资组合理论

长久以来，马柯维茨的均值—方差理论在指导人们短期投资中占有重要地位。但事实上，长期投资和短期投资的最优资产组合不尽相同。

对于利率在长期投资中的影响，默顿·H·米勒（Merton H. Miller）等提出了套期保值效应，当投资者的风险厌恶系数大于1时，对风险资产的需求不仅受到资产风险溢价的影响，还受到预期收益率与预期远期利率调整的协方差的影响。对于跨期理论中的跨期预算约束条件，当消费—财富比率不变或变动不大时，投资者的跨期预算约束条件为近似线性。

对于长期投资的资产组合选择和风险控制方面，在最优投资策略中如果忽略市场择机的选择，可能会导致更大的效用损失，股票收益的可预测性增加了投资者对于股票投资的需要，并且长期通货膨胀债券能够增加稳健投资者的效用。对长期投资的资产配置理论研究，可以选用连续时间数学工具来分析动态资产组合选择问题。

## （四）基于在险价值（VaR）的投资组合理论

在险价值方法在20世纪50年代才得到研究证券投资组合理论的学者们关注，它最初被人们用于测度一些金融公司交易证券的市场风险。在险价值方法的引入在一定程度上弥补了最初投资组合理论对证券投资组合风险度量的不足。在险价值可以采用历史模拟法或蒙特·卡罗模拟法进行估算。但在险价值仍然存在有很多的缺陷。

一致性风险度量（Coherent Measures of Risk）概念的提出在某种

程度上可以弥补在险价值的某些缺陷，因此，基于此提出的条件在险价值（Conditional Value at Risk）作为风险的度量来对 VaR 进行修正。

在界定了条件在险价值风险测度指标后，以其为基础研究资产组合选择的工作相应展开。

### （五）基于非效用最大化的投资组合理论

设计在离散时间条件下的非效用最大化的投资组合模型的突出优点是，在构建模型时，不需要知道市场参数及有关统计信息，如利率、价格波动率，甚至不需要详细描述离散时间条件下价格变动的动力学机制，只要通过跟踪不同证券权重的绩效加权变动情况便可达到最优恒定组合。这种泛组合的渐进行为可以较好地解释市场的某些行为。

另外，价值维持原理（Value Preserving Principle）方法、现金流下的指数跟踪误差方法等在市场中也有较好的解释力。

## 三、投资组合理论应用中的局限性

马柯维茨的投资组合理论不但为分散投资提供了理论依据，而且也为如何进行有效的分散投资提供了分析框架。但在实际运用中，马柯维茨模型也存在着一定的局限性和困难。

（1）马柯维茨模型所需要的基本输入包括证券的期望收益率、方差和两两证券之间的协方差。当证券的数量较多时，基本输入所要求的估计量非常大，从而也就使得马柯维茨的运用受到很大限制。因此，马柯维茨模型目前主要被用在资产配置的最优决策上。

（2）数据误差带来的解的不可靠性。马柯维茨模型需要将证券的期望收益率、期望的标准差和证券之间的期望相关系数作为已知数据进行基本输入。如果这些数据没有估计误差，马柯维茨模型就能够保证得到有效的证券组合。但由于期望数据是未知的，需要进行统计估计，因此这些数据就不会没有误差。这种由于统计估计而带来的数据输入方面的不准确性会使一些资产类别的投资比例过高而使另一些资产类别的投资比例过低。

（3）解的不稳定性。马柯维茨模型的另一个应用问题是输入数据的微小改变会导致资产权重的很大变化。解的不稳定性限制了马柯维茨模型在实际制定资产配置政策方面的应用。如果基于季度对输入数据进行重新估计，用马柯维茨模型就会得到新的资产权重的解，新的资产权重与上一季度的权重差异可能很大。这意味着必须对资产组合进行较大的调整，而频繁的调整会使人们对马柯维茨模型产生不信任感。

（4）重新配置的高成本。资产比例的调整会带来很多不利的影响，如交易成本的上升。因此正确的政策可能是维持现状而不是最优化。

## 第二节　投资组合理论的计算设计

### 一、预期收益率的计算设计

单个证券的预期收益率的计算，实际上就是计算该证券作为一个随机变量的期望值。单个证券的期望值定义为：

$$E(r) = \sum_s Pr(s)r(s)$$

式中，

E(r) ——收益率期望值；

r(s) ——s 状态下的收益率；

Pr(s) ——r(s) 状态的发生概率。

一个证券组合的预期收益率即其所含证券的预期收益率的加权平均，以构成比例为权重。每一证券对组合的预期收益率的贡献依赖于它的预期收益率，以及它在组合初始价值中所占份额，而与其他一切无关。那么，一位仅仅希望预期收益率最大的投资者将持有一种证券，这种证券是他认为预期收益率最大的证券。然而很少有投资者这样做，也很少有投资顾问会提供这样一个极端的建议。因此，投资者应进行分散化投资，即他们的投资组合将包含不止一种证券。这是因为分散化可以减少由标准差所测度的风险。投资组合的预期收益率公式为：

$$E(r_p) = \sum_{i=1}^{N} x_i E(r_i)$$

#### （一）证券与证券组合的预期收益率计算实验步骤

利用通达信股票交易软件进行数据导出。选择某一组股票，例如，我们在54个行业分类中，每个行业选择一种股票。设定某一段时间某个价格（比如收盘价）作为历史价格样本，形成一个多股票的价格矩阵。在命令窗口执行 load gp54. mat，窗口显示如图 8 - 1 所示。

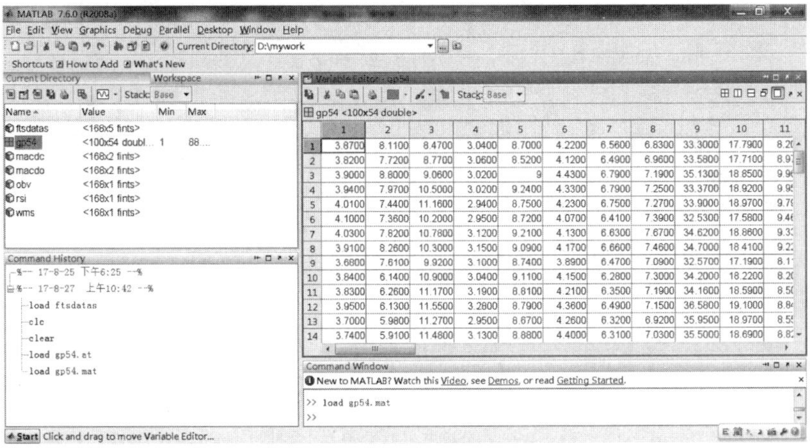

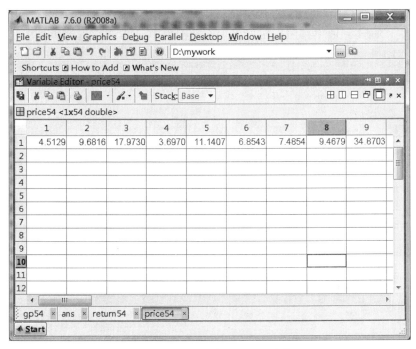

图 8 - 1　行业板块股票价格数据结构

该价格矩阵中记录了 54 只股票的历史价格信息，每一列为一个证券的 100 日的历史交易价格。

在命令窗口运行 price54 = mean（gp54），可以得到该 54 种股票按照当前的 100 个样本计算的期望价格，如图 8 - 2 所示。

在命令窗口运行 return54 = price2ret（gp54），可以得到该 54 种股票按照当前的 100 个样本计算的预期收益率，如图 8 - 3 所示。

图 8 - 2　行业板块股票平均价格

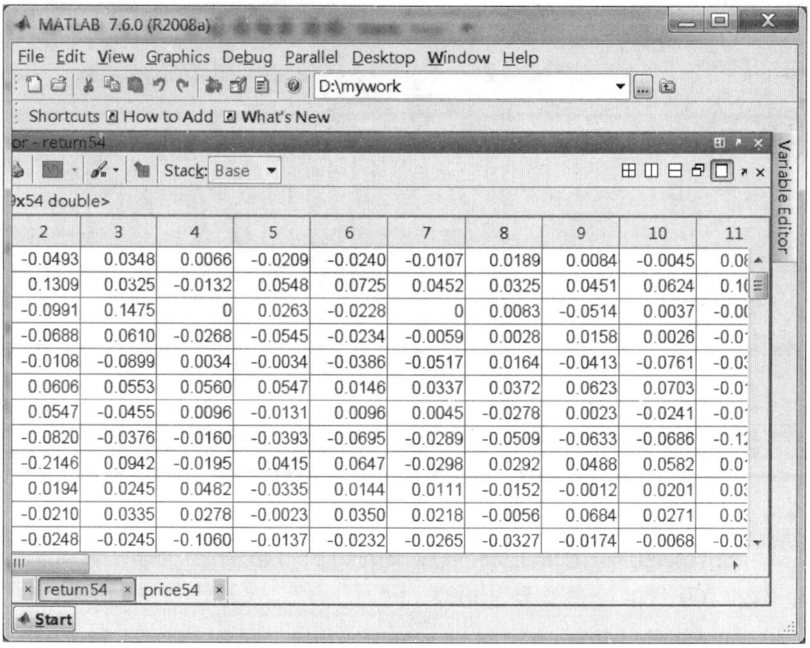

图 8 – 3  行业板块股票预期收益率

## （二）程 序 设 计

这 54 种股票按照随机的方式产生一个组合系数，就可以得到这个证券组合预期收益率。其程序设计如下：

% 54 只股票按照随机产生一个组合，其证券组合的预期收益率程序

```
yxcs = 10;
return54p(yxcs) = 0;
for i = 1:yxcs
    w54 = rand(54,1);
    w54 = w54. * sign(w54 - 0.5);
    w54 = w54/sum(w54);
    return54p(yxcs) = sum(return54)/99 * w54;
end
```

## （三）运 行 结 果

图 8 – 4 是随机产生了 10 组投资组合后，分别得到的证券组合预期收益率。

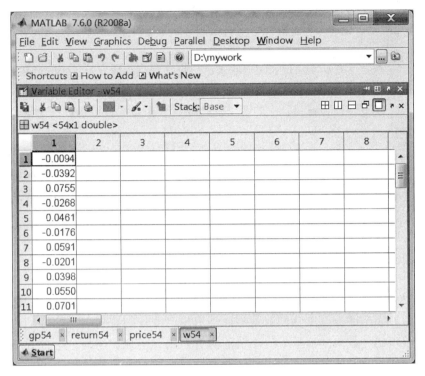

图 8-4 对行业板块股票随机产生的投资组合数据

## 二、协方差矩阵的计算设计

### (一) 方差与协方差的计算方法

1. 单个证券预期收益的方差

一个证券的预期收益率描述了以概率为权数的平均收益率。但这是不够的，我们还需要一个有用的风险测度，其应该以某种方式考虑各种可能的"坏"结果的概率以及"坏"结果的量值。风险测度将以某种方式估计实际结果与期望结果之间可能的偏离程度，方差就是这样一个测度，因为它估计的是实际回报率与预期回报率之间的可能偏离。

在证券投资中，如果假定投资收益的分布是对称的，那么实际收益低于预期收益的可能性与实际收益高于预期收益的可能性是一样大的。实际发生的收益率与预期收益率的偏差越大，投资于该证券的风险也就越大，因此对单个证券的风险，通常用统计学中的方差或标准差来表示。

沿用上面的表示方法，一个证券在该时期的方差是未来收益可能值对期望收益率的偏离（通常称为离差）的平方的加权平均，权数是相应的可能值的概率。记方差为 $\sigma_2$，即有：

$$\sigma^2 = \sum_s \Pr(s)\left[r(s) - E(r)\right]^2$$

方差越大，风险越大。一般来讲，投资者应选择方差较小的证券。

2. 两个证券组合预期收益的方差

方差分别为 $\sigma_1$ 与 $\sigma_2$ 的两个资产以 $w_A$ 与 $w_B$ 的权重构成一个资产组合 $\sigma_P^2$ 的方差为：

$$\sigma_P^2 = w_A^2\sigma_A^2 + w_B^2\sigma_B^2 + 2w_Aw_B\sigma_A\sigma_B\mathrm{Corr}(R_AR_B)$$

如果一个无风险资产与一个风险资产构成组合，则该组合的标准差等于风险资产的标准差乘以该组合投资于这部分风险资产的比例。

协方差是两个随机变量相互关系的一种统计测度，即它测度两个随机变量，如证券 A 和证券 B 的收益率之间的互动性。

$$\sigma_{AB} = \mathrm{cov}(r_A, r_B) = E(r_A - E(r_A))(r_B - E(r_B))$$

协方差为正值表明证券的回报率倾向于向同一方向变动。例如，一个证券高于预期收益率的情形很可能伴随着另一个证券的高于预期收益率的情形。一个负的协方差则表明证券与另一个证券相背变动的倾向。例如，一种证券的高于预期收益率的情形很可能伴随着另一个证券的低于预期收益率的情形。一个相对小的或者 0 值的协方差则表明两种证券之间只有很小的互动关系或没有任何互动关系。

3. 相关系数

与协方差密切相关的另一个统计测度是相关系数。事实上，两个随机变量间的协方差等于这两个随机变量之间的相关系数乘以它们各自的标准差的积。

证券 A 与 B 的相关系数为：

$$\rho_{AB} = \frac{\sigma_{AB}}{\sigma_A\sigma_B}$$

实际上，$\rho_{AB}$ 满足 $-1.0 \leqslant \rho_{AB} \leqslant +1.0$；当 $\rho_{AB} = 1$ 时，证券 A 与证券 B 完全正相关，当 $\rho_{AB} = -1$ 时，证券 A 与证券 B 完全负相关。完全负相关会使风险降低；完全正相关不会减少风险。当 $\rho_{AB}$ 在 $-1.0$ 和 $+1.0$ 之间时，可减少风险，但不是全部。

4. 协方差矩阵

$$Q = \begin{pmatrix} \sigma_{11} & \sigma_{12} & \cdots & \sigma_{1N-1} & \sigma_{1N} \\ \sigma_{21} & \sigma_{22} & \cdots & & \sigma_{2N-1} \\ \vdots & \vdots & \ddots & & \vdots \\ \vdots & \vdots & & & \vdots \\ \sigma_{N1} & \sigma_{N-12} & \cdots & \sigma_{NN-1} & \sigma_{NN} \end{pmatrix}$$

5. N 个资产的组合方差

$$\sigma_p^2 = \sum_{i=1}^{n} \sum_{j=1}^{n} w_i w_j \sigma_{ij} = w'Qw$$

## （二）实验内容与步骤

本实验的内容是 N 个证券对于给定的投资组合 w 的协方差矩阵计算。利用通达信股票交易软件进行数据导出。选择某一组股票，比如我们在 54 个行业分类中，每个行业选择一种股票。设定某一段时间某个价格（比如收盘价）作为历史价格样本，形成一个多股票的价格矩阵。在命令窗口执行 load gp54. mat，这 54 只股票的协方差矩阵程序设计如下：

％54 只股票的协方差矩阵计算程序

load gp54. mat

return54 = price2ret( gp54 ) ;

aita = cov( return54 ) ;

## （三）运行结果

这一组股票的协方差矩阵计算结果如图 8 – 5 所示。

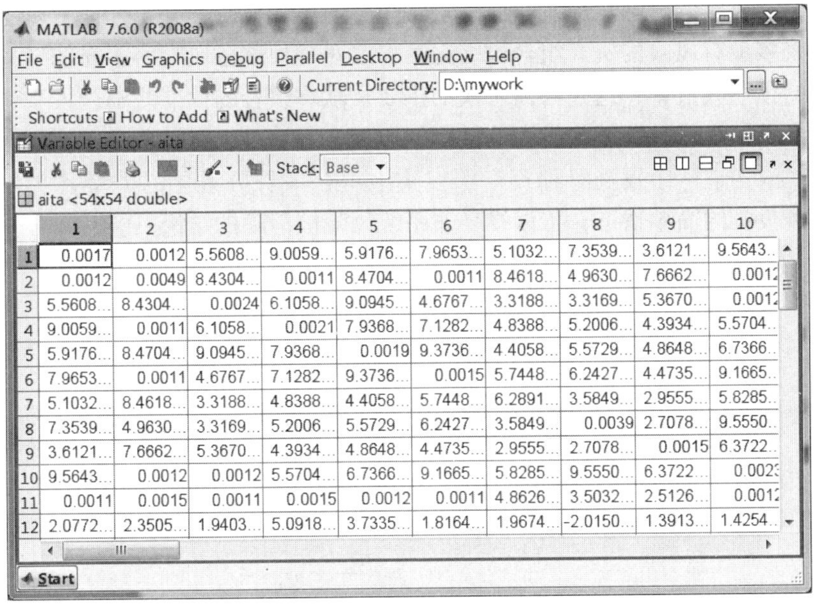

图 8 – 5　行业板块股票协方差矩阵

## 三、投资组合的系统风险与非系统风险计算设计

### （一）证券组合风险分散的原理

假定市场上有证券 1，2，…，n；投资于证券 i 的比例之和为 1，即 $w_1 + w_2 + \cdots + w_n = 1$。证券组合的预期收益和方差：

$$E(r_p) = \sum_{i=1}^{n} w_i E(r_i)$$

$$\sigma_p^2 = \sum_{i=1}^{n} \sum_{j=1}^{n} w_i w_j \sigma_{ij}$$

其中，$\sigma_{ii} = \sigma_i^2$。

由上可知，证券组合的方差不仅取决于单个证券的方差，而且还取决于各种证券间的协方差。随着组合中证券数目的增加，在决定组合方差时，协方差的作用越来越大，而方差的作用越来越小。例如，在一个由 30 种证券组成的组合中，有 30 个方差和 870 个协方差。若一个组合进一步扩大到包括所有的证券，则协方差几乎就成了组合标准差的决定性因素。

风险的分散化原理被认为是现代金融学中唯一"白吃的午餐"。将多项有风险的资产组合到一起，可以对冲掉部分风险而不降低平均的预期收益率，这是马柯维茨的主要贡献。组合的标准差不会大于标准差的组合，这就是投资分散化的原理。

构造一个投资每种资产等权重地组合来看分散化的力量（等份额投资的简单情形，可以推导非系统风险被消除的结论）：

$$\sigma_p = \left( \sum_{i=1}^{n} \sum_{j=1}^{n} \frac{1}{n} \frac{1}{n} \sigma_{ij} \right)^{1/2}$$

$$= \left( \frac{1}{n^2} \sum_{i=1}^{n} \sigma_{ii} + \frac{1}{n^2} \sum_{i=1}^{n} \sum_{\substack{j=1 \\ j \neq i}}^{n} \sigma_{ij} \right)^{1/2}$$

$$\frac{1}{n^2} \sum_{i=1}^{n} \sum_{\substack{j=1 \\ j \neq i}}^{n} \sigma_{ij} = \frac{n^2 - n}{n^2} \bar{\sigma}_{ij} \to \bar{\sigma}_{ij}$$

$$\frac{1}{n^2} \sum_{i=1}^{n} \sum_{\substack{j=1 \\ j \neq i}}^{n} \sigma_{ij} = \frac{n^2 - n}{n^2} \bar{\sigma}_{ij} \to \bar{\sigma}_{ij}$$

由此可以得到以下关键结论：

随着组合中资产数目的增加，组合收益的方差将越来越依赖于协方差。

若这个组合中的所有证券不相关，那么随着证券数目的增加，这

个组合的方差将为零（保险原则）。

组合的方差是协方差矩阵各元素与投资比例为权重相乘的加权总值，它除了与各个证券的方差有关外，还取决于每证券间的协方差或相关系数的大小。

证券组合的预期收益可以通过对各种单项资产加权年均得到，但风险却不能通过各项资产风险的标准差的加权平均得到（这只是组合中成分证券间的相关系数为 1 且成分证券方差相等，权重相等时的特例情况）。

在证券方差或标准差给定下，组合的每对证券的相关系数越高，组合的方差越高。只要每两种证券的收益间的相关系数小于 1，组合的标准差一定小于组合中各种证券的标准差的加权平均数。如果每对证券的相关系数为完全负相关即为 -1，且成分证券方差和权重相等时，则可得到一个零方差的投资组合。但由于系统性风险不能消除，所以这种情况在实际中是不存在的。

### （二）证券组合消除的是非系统性风险，系统性风险不能消除

非系统风险是企业特有的风险，诸如企业陷入法律纠纷、罢工、新产品开发失败，等等，又可称为可分散风险、特有风险、特定资产风险、残留风险，包括业务风险（处于错误行业）和财务风险（股权债务率太高）。

非系统性风险主要通过投资的分散化来减少，因此由许多种资产构成的组合几乎不存在非系统性风险。

系统风险是指整个市场承受到的风险。系统性风险影响所有的资产，不能通过分散化消除。总风险 = 系统性风险 + 非系统性风险。对于一个好的分散化组合，非系统性风险可以忽略，几乎所有的风险都是系统性风险造成的。关于总风险的构成及非系统风险的分数趋势如图 8 -6 所示。

分散投资降低或消除风险效应主要通过下列途径发挥作用：

（1）选择两两股票相关系数小于 1 的股票组合；

（2）组合的证券成分数要足够多；

（3）改变不同风险收益特性股票的投资比例。

### （三）实验内容与步骤

本实验是关于 N 个证券对于给定的投资组合 w 的风险计算。利用通达信股票交易软件进行数据导出。选择某一组股票，比如我们在 54 个行业分类中，每个行业选择一种股票。设定某一段时间某个价

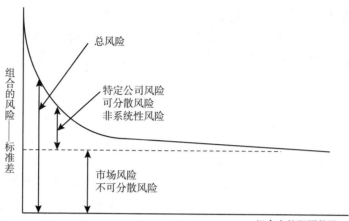

图 8-6 非系统风险分散程度

格（比如收盘价）作为历史价格样本，形成一个多股票的价格矩阵。在命令窗口执行 load gp54. mat，这组股票的系统风险、非系统性风险以及总风险的程序设计如下：

```
load gp54. mat
return54 = price2ret(gp54);
aita = cov(return54);
w = rand(54,1);
w = w. * sign(w - 0.5);
w = w/sum(w);

%%计算非系统风险
sumfxt = 0;
for i = 1:54
    sumfxt = sumfxt + aita(i,i) * w(i) * w(i);
end

%计算总风险
sumzfx = w' * aita * w;

%计算系统风险风险
sumxt = sumzfx - sumfxt;
```

## （四）运行结果

某一次运行的结果：

sumxt    = 3.7858e - 004

sumfxt   = 3.5799e - 004

sumzfx   = 7.3657e - 004

每次运行的结果是不一样的，因为这里面含有随机变量。

## 四、投资最优方案的选择设计

### （一）有效前沿

可行集中有无穷多个组合，但是投资者有必要对所有这些组合进行评价吗？对于一个理性投资者而言，他们都是厌恶风险而偏好收益的。对于同样的风险水平，他们将会选择能提供最大预期收益率的组合；对于同样的预期收益率，他们将会选择风险最小的组合。能同时满足这两个条件的投资组合的集合被称为有效前沿（Efficient Frontier）。

有效前沿描绘了投资组合的风险与收益的最优配置。因为投资者是不知足且厌恶风险的，即风险一定时追求收益最大，收益一定时追求风险最小，所以，同时满足在各种风险水平下提供最大预期收益和在各种预期收益下能提供最小风险这两个条件就称为有效前沿，即双曲线的上半部。上面各点所代表的投资组合一定是通过充分分散化而消除了非系统性风险的组合。

### （二）有效前沿的形状具有的特点

（1）有效前沿是一条向右上方倾斜的曲线，它反映了"高收益、高风险"的原则。

（2）有效前沿是一条向左凸的曲线。有效集上的任意两点所代表的两个组合再组合起来得到的新的点（代表一个新的组合）一定落在原来两个点的连线的左侧，这是因为新的组合能进一步起到分散风险的作用，所以曲线是向左凸的。

（3）有效前沿曲线上不可能有凹陷的地方。

为什么有效前沿是一条曲线而不是一条直线？解释有效前沿的凸状源于这样一个事实：存在一个可以产生较高回报的有限资产集，随着投资者追求的投资回报越来越高，所选择的资产将越来越少，这限制了风险可以分散的程度。从此比例上而言，每增加一单位风险，所获得的回报就会少。同样地，在有效前沿风险较低的那一端，在有效投资组合中，投资者选择风险较低的资产也越来越少。因此，每增加一单位回报，投资者降低的风险水平递减。

### （三）有效前沿的得出

对于任意给定的预期收益 $E(r)$，要使组合的方差越小越好，这是投资组合理论所给定的有效前沿的含义，它可以通过求解下列二次

规划得到

$$\min\sigma^2 = \sum_{i=1}^{n} \sum_{j=1}^{n} w_i w_j \sigma_{ij}$$

$$s.\,t. \quad \sum_{i=1}^{n} w_i E(r_i) = E(r), \quad \sum_{i=1}^{n} w_i = 1$$

### （四）实验内容与步骤

本实验内容是计算 54 个证券的可行域。利用通达信股票交易软件进行数据导出。选择某一组股票，比如我们在 54 个行业分类中，每个行业选择一种股票。设定某一段时间某个价格（比如收盘价）作为历史价格样本，形成一个多股票的价格矩阵。

```
%%   gp54 存放 54 股票的 100 天的收盘价
clc
clear
load gp54. mat
gpsl = 54
%1 - 计算收益率矩阵
retu = price2ret( gp54)
%2 - 计算期望收益
expv = mean( retu)
%%3 - 计算协方差矩阵    % aita( X, Y) = sigama( Xi - X) ( Yi - Y) Pi
aita = cov( retu)
% [ expv, aita] = ewstats( retu)    % 收益率矩阵得到期望收益向量与协方差矩阵
eig54 = eig( aita)
% 随机产生投资方案,计算并画出其可行域
% rand( 'state',0) ;
weights = rand( 1000, gpsl)    % 产生 1000 行, 54 列随机数
total = sum( weights, 2)    % 按列求和
for gpi = 1 : gpsl    % 比例 标准化, 变成了权重矩阵
    weights( :, gpi) = weights( :, gpi). /total;
end
[ portrisk, portreturn] = portstats( expv, aita, weights)
%%1 - 期望收益,2 - 协方差矩阵,3 - 多组权重 - 投资方案
% 绘图
plot( portrisk, portreturn, '. r')
title( '均值 - 方差有效前沿以及各个资产组合的风险与收益')
```

xlabel('风险(标准差)')

ylabel('期望收益率')

hold on

%%计算20组有效的投资组合,并绘图

% - 协方差矩阵非半正定,进行修正。

aita = aita + eye(gpsl,gpsl) * 0.00001

portopt(expv,aita,200)    %1 - 期望收益,2 - 协方差矩阵,3 - 有
效组合的数量

hold on

%计算20组有效的投资组合,并绘图

% - 协方差矩阵非半正定,进行修正。

aita = aita + eye(gpsl,gpsl) * 0.00001

portopt(expv,aita,200)    %1 - 期望收益,2 - 协方差矩阵,3 - 有
效组合的数量

hold on

%随机产生投资方案,计算并画图其可行域

% rand('state',0);

weights = rand(1000,gpsl)    %产生1000行,54列随机数

total = sum(weights,2)    %按列求和

for gpi = 1:gpsl    %比例 标准化,变成了权重矩阵

    weights(:,gpi) = weights(:,gpi)./total;

end

[portrisk,portreturn] = portstats(expv,aita,weights)

%%1 - 期望收益,2 - 协方差矩阵,3 - 多组权重 - 投资方案

%绘图

plot(portrisk,portreturn,'.r')

title('均值 - 方差有效前沿以及各个资产组合的风险与收益')

xlabel('风险(标准差)')

ylabel('期望收益率')

hold on

## (五)运行结果

可行域的计算结果:

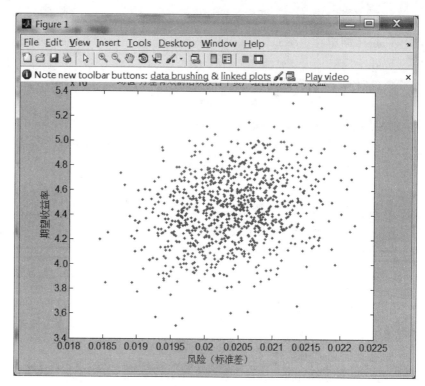

图 8 - 7　行业板块股票可行集

1. 有效前沿的计算设计

有效前沿的计算编程如下：

```
clc
clear
returns = [0. 1 0. 15 0. 12]
stds = [0. 2 0. 25 0. 18]
correlations = [1 0. 8 0. 4;0. 8 1 0. 3;0. 4 0. 3 1]
covariances = corr2cov(stds,correlations)
portopt(returns,covariances,20)
hold on
rand('state',0)
weights = rand(1000,3)
total = sum(weights,2)
weights(:,1) = weights(:,1)./total
weights(:,2) = weights(:,2)./total
weights(:,3) = weights(:,3)./total
[portrisk,portreturn] = portstats(returns,covariances,weights)
plot(portrisk,portreturn,'. r')
```

title('均值 - 方差有效前沿以及各个资产组合的风险与收益')

xlabel('风险(标准差)')

ylabel('期望收益率')

% portopt(returns,covariances,20)

% hold off

## 2. 有效前沿的运行结果

有效前沿的运行结果如图 8 - 8 所示。

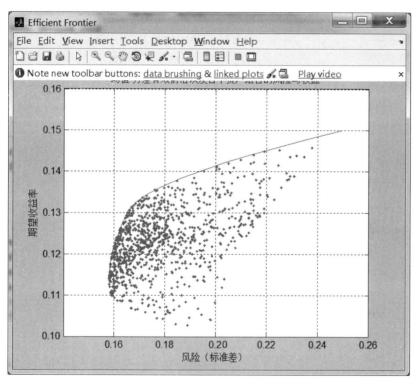

图 8 - 8 投资组合有效前沿

## 3. 可行集的模拟设计

通过随机产生两组投资组合权重序列, 分别计算每一个组合的相应组合收益与组合风险, 然后在风险与收益坐标体系中画出其集合。投资组合的可行集二组模拟实验程序如下:

```
clc
clear
rand('state',0)
figure
% RandSumOneTest
M = 100;
```

$N = 3$；

method $= 1$；

$X1 = \text{RandSumOne}(M, N, \text{method})$；

method $= 2$；

$X2 = \text{RandSumOne}(M, N, \text{method})$；

% 预期收益率向量

$\text{ExpReturn} = [0.1\ 0.2\ 0.15]$；

% 协方差矩阵

$\text{ExpCovariance} = \begin{bmatrix} 0.0100 & -0.0061 & 0.0042 \\ -0.0061 & 0.0400 & -0.0252 \\ 0.0042 & -0.0252 & 0.0225 \end{bmatrix}$；

% 变量初始化

$\text{PortRisk1} = \text{zeros}(M, 1)$；

$\text{PortReturn1} = \text{zeros}(M, 1)$；

$\text{PortRisk2} = \text{zeros}(M, 1)$；

$\text{PortReturn2} = \text{zeros}(M, 1)$；

for $i = 1 : M$

    $[\text{PortRisk1}(i),\ \text{PortReturn1}(i)] = \text{portstats}(\text{ExpReturn},\ \text{ExpCovariance}, X1(i, :))$；

    $[\text{PortRisk2}(i),\ \text{PortReturn2}(i)] = \text{portstats}(\text{ExpReturn},\ \text{ExpCovariance}, X2(i, :))$；

    end

$\text{plot}(\text{PortRisk1},\ \text{PortReturn1}, \text{'r. '})$

hold on

$\text{plot}(\text{PortRisk2},\ \text{PortReturn2}, \text{'bo'})$

$\text{xlabel}(\text{'PortRisk '})$

$\text{ylabel}(\text{'PortReturn '})$

$\text{legend}(\text{'X1 '}, \text{'X2 '})$

4. 可行集的运行结果

可行集的运行结果如图 8 – 9 所示。

其中，portstats 函数为计算投资组合的风险与收益的常用函数。

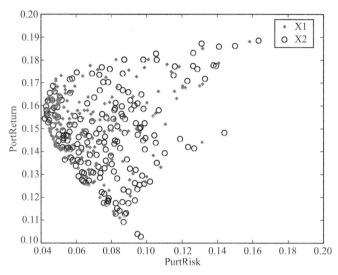

图 8 - 9　二次模拟投资组合可行集与有效前沿比照

**本章小结**

（1）进入金融微观领域，随机变量、期望、方差、标准差、协方差等基本的微观概念是入门的基础。只有把这些数理知识与金融领域的相关概念融为一体，才能展开微观金融的畅游。

（2）运筹学中的优化理论与方法，是投资组合理论出现的基础，优化中的可行集、有效前沿、有效解等概念相应的都被移植到了投资组合模型这个二次规划中来。有了优化理论的基础，投资组合理论其实就是一个应用而已。带摩擦的投资组合理论以及其他很多的投资组合理论的拓展都有优化理论相关方面的痕迹。了解了这一点，也许有助于扩展对投资组合理论甚至金融微观理论的视野。

（3）系统风险与非系统风险的概念本来是按照风险因素对整个金融市场或个股影响程度来识别的，是一个比较定性的描述性概念。而本章给出的相应概念是从微观角度提出的，更重要的是对系统性风险与非系统性风险给出了度量思路。并且其度量的思路与手段和效果完全能够与通常意义的概念相吻合，这是一个很重要的发现，其意义不言而喻。

（4）本章在基础知识方面的介绍涉及更深广的领域，有助于整体了解投资组合理论的全貌。在计算设计方面，又归结为基本的计算领域。这种编写思路，其目的是期望能在 MATLAB 的实现能力方面打下良好的基础，而在动手操作方面从最简单开始，保证学习兴趣的同时，又留下更大的想象空间。

**复习思考题**

1. 选择一组股票进行系统风险与非系统风险的计算，以非系统风险与系统风险比值作为目标进行优化。优化的手段有哪些？目标值有什么变化规律？

2. 选择一组股票，把有效前沿、可行集画在一个图中，图的坐标轴分别是组合预期收益率和组合的风险值，即标准差。设计过程中你发现了什么？

# 第九章
# 资本资产定价模型实验

**【实验目的与要求】**

◇Beta 与 Alpha 计算；

◇夏普比率计算；

◇信息比率计算；

◇跟踪误差计算。

## 第一节　资本资产定价模型基础知识

### 一、资本资产定价模型的假设

资本资产定价模型是在现代组合理论的基础上，结合新古典经济学的一般均衡思想研究资本市场的均衡问题。资本资产定价模型是抽象掉复杂经济表象后形成的金融理论，因此，资本资产定价模型首先通过一系列的假设对资本市场进行了完美化的假定。资本资产定价模型在投资组合理论的 5 个假设前提下，进一步的基本假设如下：

（1）有投资者在同一单期投资期内计划自己的投资组合，即投资者在时点 0 决策并进行投资，在时点 1 得到收益。

（2）投资者为风险厌恶者，并总是根据均值—方差模型进行投资决策。

（3）市场为无摩擦市场（Frictionless Market），即不存在交易费用和税收，并且所有证券无限可分。

（4）市场是完全竞争的，不存在操纵（No Manipulation），任何投资者的行为都不会影响资产的市场价格，即投资者都是价格接受者（Price – Taker）。

（5）市场无制度限制（Institutional Restriction），允许卖空，并且可以自由支配卖空所得。

（6）市场中存在一种无风险证券，所有投资者都可以按照市场无风险利率进行自由借贷。

（7）信息是完全的，所有投资者均能合理预期资本市场所有资产的方差、协方差和期望收益率。

（8）同质预期（Homogeneity of Expection），即所有投资者有着完全相同的信息结构，所有投资者在运用均值—方差模型进行投资决策后，得到相同的有效组合前沿。

这8个假设的含义：假设1意味着标准的资本资产定价模型与标准的投资组合理论一样，是一个单期静态模型，对假设1的放宽导致跨期资本资产定价模型的产生。假设2可以理解为所有的投资者都是"马柯维茨型投资者"。假设3中的市场无摩擦，是出于降低问题复杂程度简化分析的需要，这有助于我们将关注的焦点集中在感兴趣的问题上；而证券无限可分完全是出于方便数学处理（求微分）的需要。假设4是关于完全竞争市场的假定在证券市场或金融学上的自然延伸，对完全竞争市场的假定主要涉及三个方面：投资者理性、信息完全、充分竞争（即所有个体都是价格接受者）。而假设4强调的正是第三个方面，因为前两个方面已经暗含在其他假定中。假设5允许卖空，如果存在卖空限制，这意味着所有证券的投资权重非负，会影响到有效前沿的完整性，所以卖空是不可缺少的技术手段。没有卖空机制，意味着那些必须利用卖空机制才能解释其投资含义的投资组合将会缺失。假设6存在无风险证券，这里我们首先介绍存在无风险证券的资本资产定价模型，后面我们还要介绍不存在无风险证券的资本资产定价模型。假设7涉及信息在市场上的扩散机制，信息完全意味着任何新信息总是同时为所有的投资者所知，这个假设说明投资者具有相同的信息集。假设8涉及投资者的信息解读能力和解读方式，说明投资者对相同信息解读的结果相同。假设7和假设8在现实中是很不真实的，因此对这两者作出任何不同于上述表述的假定都将影响到相关理论（此处是资本资产定价模型）的结论。

以上假设看上去很复杂，而且与现实市场严重脱节。然而，实际上当我们对现实市场有深入的了解之后就会发现，以上假设是对现实市场的具有较高近似程度的简化处理。满足以上假设条件的资本市场被称为完美市场。虽然现实市场不同于完美市场，但有资料表明，现实市场正在向一些简单的、金融理论所假设的条件靠拢。

## 二、市场组合

市场组合 $x^M$ 是这样的投资组合，它包含市场上存在的所有风险资产种类，各种风险资产所占的比例等于每种风险资产的总市值占市场所有风险资产总市值的比例。若记 $P = [P_1, \cdots, P_N]$ 为所有风险资产的价格向量，$Q = [Q_1, \cdots, Q_N]$ 为所有风险资产的发行总量或总股数，则所有风险资产的总市值为 $PQ^T$，风险资产 $i(i = 1, 2, \cdots, N)$ 在市场组合中的相对市值权重为 $P_iQ_i/(PQ^T)$，因此市场组合表示为：

$$x^M = \begin{bmatrix} P_1Q_1/(PQ^T) \\ \vdots \\ P_NQ_N/(PQ^T) \end{bmatrix}$$

市场组合是一个均值—方差有效组合。根据前述假设7、假设8，我们可以仅考虑一个代表性投资者的资产需求，而将市场看成是所有投资者的加总。根据前述有关均值—方差偏好下的最优资产组合理论及分离定理，在存在无风险资产的情况下，所有投资者的最优风险资产组合为切点组合 $x^M$。在切点组合 $x^M$，投资者对风险资产的选择完全独立于个人的风险偏好。因此，存在无风险资产的情况下，每一投资者对风险资产的需求都是切点组合的形式，但每一投资者的需求量并非一致。结果是，所有投资者对风险资产的总需求仍为切点组合（因为不同量的相同组合相加仍得到同一组合）；另一方面，市场上的资产供给为市场上各种风险资产的总和，这是既定的（外生的）。在市场均衡的情况下，市场出清的条件为：（1）风险资产的总供给与总需求相等。（2）无风险资产上的借贷净额为零（即无风险资产的净投资为零）。

存在无风险资产的分离定理告诉我们投资者只要将资金在无风险资产和切点组合之间进行适当配置，就可以实现最优投资组合。这样投资者在确定最优投资组合时，可以分两个步骤进行：（1）确定切点组合，此时不用考虑投资者的无差异曲线。（2）根据投资者的无差异曲线确定无风险资产和切点组合的投资比例。在均值—方差偏好下，当市场达到供求均衡时，切点组合就是市场组合。即当资本市场达到供求均衡时，切点组合实际上就是市场组合，给定市场组合就是切点组合，它是均值—方差有效的。由于市场组合的内部构造是已知的，所以投资者可以方便地投资于有效的风险资产组合。这样，在市场均衡时：（1）所有个体的初始财富总和等于所有风险资产的市场总价值。（2）风险资产有效组合边界上的切点所代表的资产组合就是风险资产的市场组合。在 CAPM 的假设下，每一个投资者都面临一种状况，有相同的预期，以相同的利率借入与贷出，将所有投资者的资产组合加总起来，投资无风险资产的净额为零，并且加总的风险资产价值等于整个经济中全部财富的价值，这就是有风险资产的市场组合。每种证券在这个切点组合中都有非零的比例，且与其市值比例相等，这一特性是分离定理的结果。之所以说切点组合 $x^M$ 所代表的资产组合就是风险资产的市场组合，是因为任何市场上存在的资产必须被包含在切点组合 $x^M$ 所代表的资产组合里，否则，理性的投资者都会选择 $x^M$ 点作为自己的投资组合，不被 $x^M$ 所包含的资产（可能由于收益率过低）就会变得无人问津，其价格就会下跌，从而收益率会上升，直到进入到 $x^M$ 所代表的资产组合。

## 三、资本市场线

根据前面的分析，当资本市场达到均衡时，切点组合就是市场组合。并且有了资本资产定价模型的假设，我们就可以很容易地找出风险资产加无风险资产的有效集。如图 9-1 所示，纵坐标是期望收益率，横坐标是标准差，我们以 $x^M$ 代表切点组合，用 $r_f$ 代表无风险利率，$E(\tilde{r}_M)$ 和 $\sigma_M$ 分别表示切点组合 $x^M$ 的预期收益率和标准差。有效组合落在从 $r_f$ 出发穿过切点 $x^M$ 的射线上，这条直线代表一个有效集——允许无风险借贷情况下的线性有效集。我们把从点 $(0, r_f)$ 出发，与均值—方差前沿边界相切于市场组合 $x^M$ 的这条射线称为资本市场线 (Capital Market Line, CML)。由图 9-1 可知，资本市场线的斜率为 $[E(\tilde{r}_M) - r_f]/\sigma_M$，截距为 $(0, r_f)$，故资本市场线的数学表达式为：

$$E(\tilde{r}_P) = r_f + \frac{E(\tilde{r}_M) - r_f}{\sigma_M}\sigma_P$$

资本市场线上的每个点都是市场组合和无风险资产组合而成的有效组合。资本市场线表示资本市场达到均衡时，有效组合的期望收益率与标准差之间的线性关系，当风险增加时，相应资产组合的期望收益率也会增加。所有非有效组合都将位于资本市场线的下方。由于假设所有投资者都遵循马科维茨的均值—方差模型，所以不存在持有非有效组合的投资者，所有投资者的组合都落在资本市场线上。由此可见，资本市场线及其表达式具有很大的局限性，对非有效组合无能为力。

资本资产定价模型用资本市场线回答了"投资者应该要求多大的回报率"的问题。虽然资本市场线表示的是风险和收益之间的关系，但是这种关系也决定了证券的价格。因为资本市场线是证券有效组合条件下的风险与收益的均衡，如果脱离了这一均衡，则会在资本市场线之外，形成另一种风险与收益的对应关系。这时，要么风险的报酬偏高，这类证券就会成为市场上的抢手货，造成该证券的价格上涨，投资于该证券的报酬最终会降低下来。要么会造成风险的报酬偏低，这类证券在市场上就会成为市场上投资者大量抛售的目标，造成该证券的价格下跌，投资于该证券的报酬最终会提高。经过一段时间后，所有证券的风险和收益最终会落到资本市场线上来，达到均衡状态。

资本市场线的经济含义。（1）在市场均衡条件下，位于均值—方差有效前沿边界上的资产组合的期望收益和风险之间呈线性关系，风险越大，收益越大，并且这时有效组合的总风险就等于系统风险。（2）资本市场线公式对有效组合的期望收益率和风险之间的关系提供了十分完整的阐述。有效组合的期望收益率由两部分构成：一部分是无风险利率，它是由时间创造的，是对放弃即期消费的补偿；另一部分则是 $[E(\tilde{r}_M) - r_f]\sigma_P/\sigma_M$，是对承担风险的补偿，与承担的风险的大小成正比。（3）有效组合的风险补偿与其风险成正比例变化，其比例因子是 $[E(\tilde{r}_M) - r_f]/\sigma_M$，它是资本市场线的斜率，也称为酬报波动比，即夏普比率（Sharpe Ratio），代表了对单位风险的补偿，即风险的价格。

## 四、资本市场线揭示的分离定理

如果一个投资者决定要构造风险资产加无风险资产的组合，他只需要一个最优的风险资产组合。他有三种选择：（1）将所有的初始资金投资于最优风险资产组合；（2）一部分资金投资最优风险资产组合，一部分贷出；（3）在货币市场上借款，再加上自己的初始资金，全部投资最优风险资产组合。无论怎样选择，都有一个新组合产生（包含无风险资产和风险资产），这个组合的标准差和期望收益之间一定存在着线性关系，这个线性关系是资本资产定价模型的主题。正因为有效集是线性的，有下面的分离定理成立，投资者对风险和收益的偏好状况与该投资者最优风险资产组合的构成是无关的。

投资者在确定最优投资组合时，将首先根据马科维茨的组合选择方法，分析证券并确定切点的组合。因为投资者对于证券回报率的均值、方差及协方差具有相同的期望值，线性有效集对于所有的投资者来说都是相同的，因为它只包括了由意见一致的切点组合与无风险借入或贷出所构成的组合。由于每个投资者风险—收益偏好不同，其无差异曲线不同，因此他们的最优投资组合也不同，但最优风险资产组合的构成却相同（即切点组合）。也就是说，无论投资者对风险的厌恶程度和对收益的偏好程度如何，其所选择的风险资产的构成都一样。具体讲，每一个投资者将他的资金投资于风险资产组合和无风险借入和贷出上，而每一个投资者选择的风险资产组合都是同一个切点组合，加上无风险借入和贷出只是为了满足投资者个人对风险和收益率的不同偏好而已。

如图9-1所示，I代表较厌恶风险的投资者的无差异曲线，该投资者的最优投资组合位于A点，表明他将部分资金投资于无风险资产，将另一部分资金投资于最优风险资产组合。II代表厌恶风险程度较轻的投资者的无差异曲线，该投资者的最优投资组合位于B点，表明他将借入资金投资于最优风险资产组合上。虽然A和B位置不同，但它们都是由无风险资产和相同的风险资产组合$x^M$组成，因此他们的风险资产组合中各种风险资产的构成比例是相同的。

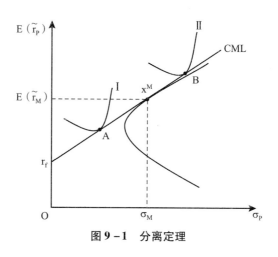

图9-1  分离定理

分离定理的核心在于揭示以下事实：

（1）在均衡条件下，每一位投资者只要向风险资产投资则必定持有切点组合。

（2）如果切点组合的构造已知，或者有一个切点组合基金，则均衡条件下的投资组合工作大为简化，投资者只需将资金适当分配于无风险资产和切点组合即可实现最佳投资。

（3）一个投资者的最优风险资产组合是与投资者对风险和收益的偏好状况无关的。

分离定理的意义：对于从事投资服务的金融机构来说，不管投资者的收益—风险偏好如何，只需找到切点所代表的风险资产组合，再加上无风险证券，就可以为所有投资者提供最佳的投资方案，投资者的收益—风险偏好，就只需反映在组合中无风险证券所占的比重上。

## 五、证券市场线

证券市场线（Security Market Line，SML），是资本资产定价模型（CAPM）的图示形式。它主要用来说明市场上所有风险性资产或投资组合报酬率与系统风险程度 β 系数之间的关系。其数学表达式为：

$$E(\tilde{r}_P) = r_f + \beta_{MP}[E(\tilde{r}_M) - r_f], \quad \beta_{MP} = \frac{Cov(\tilde{r}_M, \tilde{r}_P)}{\sigma^2(\tilde{r}_M)}$$

通常简写为：

$$\bar{r}_i = r_f + \beta_i(\bar{r}_M - r_f), \quad \beta_i = \frac{\sigma_{iM}}{\sigma_M^2}$$

在 $\beta_i O \bar{r}_i$ 平面上过 $(0, r_f)$ 和市场组合 $x^M$ 做一条直线，这条直线就被称为证券市场线，如图 9 – 2 所示。

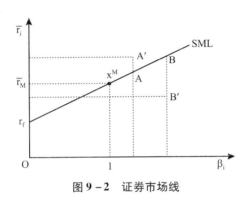

**图 9 – 2　证券市场线**

证券市场线描述了单个证券或任意一个投资组合（不论它是否已经有效分散风险）的期望报酬率与其系统风险之间的线性关系，充分体现了高风险高收益的原则。如果某投资组合在 $\beta_i O \bar{r}_i$ 平面上不位于证券市场线上，则意味着该投资组合或证券的价格偏离了均衡价格。图 9 – 2 中的 A′点和 B′点就反映了两个尚没有达到平衡状态的投资组合或证券。其中，A′点反映了定价偏低的情形，即其当前的市场价格低于均衡价格，从而使该投资组合或证券的期望收益比与其风险相匹配的期望收益要高，由于该投资组合或证券的价格偏低，将造成投资者的超额需求，从而推动其价格上升直至均衡价格，表现为期望收益回落至证券市场线上；而 B′点则反映了定价偏高的情形，即其当前的市场价格高于均衡价格，从而使该投资组合或证券的期望收益比与其风险相匹配的期望收益要低，由于该投资组合或证券的价格偏高，将造成市场的超额供给，从而压迫其价格回落至均衡价格，表现为期望收益上升至证券市场线上。CAPM 说明了一种资产的预期回报率决定于：

（1）货币的纯粹时间价值：无风险利率 $r_f$；

（2）承受系统性风险的回报：市场风险溢价 $(\bar{r}_M - r_f)$；

（3）系统性风险大小：β 系数。

$\beta_i(\bar{r}_M - r_f)$ 称为证券或投资组合系统风险的风险溢价。参数 $\beta_i$ 是证券或投资组合与市场组合收益的协方差占市场组合方差的比重，度量的是证券或投资组合的收益率对市场组合收益率变动的敏感程度，反映了证券或投资组合面临的系统风险。β 值越大，投资者承担的系统风险越大，要求的收益率越高；反之，β 值越小，投资者承担的系统风险越小，要求的收益率越低。既然分散化投资可以消除非系统风险，投资者就不会因为承担非系统风险而获得额外报酬。所以，只有系统风险才有溢价，非系统风险没有溢价。在均值—方差框架下，我们用方差来度量资产的总风险，即系统风险和非系统风险之和。这里 β 值只度量其系统风险的大小，且资产的风险溢价不仅依赖于他所负载的系统风险的大小，还取决于其负载的方向即符号，正 β 值的资产有正的风险溢价，负 β 值的资产有负的风险溢价。

系统性风险的唯一来源被认为是市场组合，因此系统风险也称作市场风险。所有的投资者同样的持有这个风险市场组合，因为它是均值—方差有效的。市场组合将其承担风险的奖励按每个证券对其风险的贡献的大小按比例分配给单个证券。市场组合的总风险只与各项资产与市场组合的风险相关性（各项资产的收益率与市场组合的收益率之间的协方差）有关，而与各项资产本身的风险（各项资产的收益率的方差）无关。这样，在投资者的心目中，如果 $\sigma_{iM}$ 越大，则第 i 项资产对市场组合的风险的影响就越大，在市场均衡时，该项资产应该得到的风险补偿也就应该越大。

无论单个证券还是证券组合，其风险都可以用 β 系数测定，假定一个任意的投资组合 $x^p$ 由 n 个证券构成，各证券在组合中的投资比例为 $w_i$，则有等式：

$$\beta_P = \sum_{i=1}^{n} w_i\beta_i$$

即一个证券组合的 β 系数是它的各成分证券 β 系数的加权平均，权数为各成分证券的投资比例。市场组合的贝塔系数 $\beta_M = 1$，无风险资产的贝塔系数 $\beta = 0$。β 系数是一种评估单项资产或资产组合系统性风险的工具，它告诉我们相对于市场组合而言特定资产的系统风险是多少。它可以用来测定风险的可收益性、作为投资组合选择的一个重要输入参数、反映证券组合的特性，还可以根据市场走势选择不同 β 系数的证券获得额外收益。

证券市场线的经济含义：证券市场线方程对任意证券或组合的期

望收益率和风险之间的关系提供了十分完整的阐述。任意证券或组合的期望收益率由两部分构成：一部分是无风险利率，它是由时间创造的，是对放弃即期消费的补偿；另一部分则是对承担风险的补偿，通常称为"风险溢价"，它与承担的风险的大小成正比。其中的（$\bar{r}_M - r_f$）代表了对单位风险的补偿，通常称之为风险的价格。

## 六、资本市场线与证券市场线的异同

资本市场线与证券市场线的区别主要有：

（1）资本市场线中的纵轴是"风险组合的期望报酬率"，而证券市场线中的纵轴是"平均股票的要求收益率"，两者含义不同；资本市场线中的横轴是标准差，而证券市场线中的横轴是贝塔系数。

（2）资本市场线表示的是"期望报酬率"，即投资"后"期望获得的报酬率；而证券市场线表示的是"要求收益率"，即投资"前"要求得到的最低收益率。

（3）资本市场线的横轴是标准差（既包括系统风险又包括非系统风险）；而证券市场线的横轴是贝塔系数（只包括系统风险）。

（4）资本市场线揭示的是"持有不同比例的无风险资产和市场组合情况下"风险和报酬的权衡关系；而证券市场线揭示的是"证券本身"风险和报酬之间的对应关系。

（5）资本市场线的作用在于确定投资组合的比例；证券市场线的作用在于根据"必要报酬率"，利用股票估价模型，计算股票的内在价值。

（6）资本市场线和证券市场线的斜率都表示风险价格，但含义不同，前者表示整体风险的风险价格，以标准差来度量；后者表示系统风险的风险价格，以贝塔系数来度量。计算公式也不同：资本市场线斜率＝（风险组合的期望报酬率－无风险报酬率）/风险组合的标准差；证券市场线斜率＝市场组合要求的收益率－无风险收益率。

（7）包含的证券组合不同。资本市场线仅描绘了有效投资组合的预期收益率；证券市场线不仅包含了有效投资组合，而且还包含了所有证券和其他非有效投资组合的预期收益率。

上面着重阐述了资本市场线与证券市场线的区别，两者也有相同点，如均包含有效投资组合，在两者的坐标系中，都是用均值—方差方法来衡量投资组合的预期收益和投资风险。

## 七、不存在无风险资产的CAPM

前面我们讨论的都是在假设6存在无风险证券的条件下，推导了资本资产定价模型。但是资本资产模型还有许多扩展形式，即在逐一放宽前面八条假定的条件下的资本资产定价模型。其中，最为重要和常见的便是，在对假设 6 放宽，即不存在无风险证券的条件下，推导出的资本资产定价模型，又叫零 β 值资本资产定价模型。不存在无风险证券的条件下，投资者只会在均值—方差有效前沿边界（不包括最小方差组合）中选择自己的最优组合。

假定已知市场组合 $x^M$，由于市场组合是一个均值—方差有效组合，必有 $E(\tilde{r}_M) > A/C$，从而该市场组合一定具有一个零协方差组合 $x_{zcm}^M$，满足 $E(\tilde{r}_{zcm}) < A/C$ 且 $\beta_{M,zcm} = 0$，我们有对任意的投资组合 $x^P$，有 $E(\tilde{r}_P) = E(\tilde{r}_{zcm}) + \beta_{MP}\left[E(\tilde{r}_M) - E(\tilde{r}_{zcm})\right]$ 其中，$E(\tilde{r}_{zcm})$ 是均值—方差前沿组合 $x_{zcm}^M$（即为市场组合 $x^M$ 的零协方差组合）的期望收益率，而 $\beta_{MP} = \dfrac{Cov(\tilde{r}_M, \tilde{r}_P)}{\sigma^2(\tilde{r}_M)}$。

不存在无风险资产时 CAPM 中的定价关系，又被称为零 β 值资本资产定价模型。与存在无风险资产的资本资产定价公式相比，式中以投资组合 $x_{zcm}^M$ 代替了无风险资产的作用，即以 $E(\tilde{r}_{zcm})$ 取代了 $r_f$ 的位置。存在无风险资产的情形只是这里更一般情形的特例，两者的比较如图 9-3 所示。

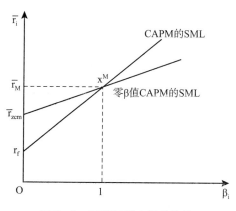

**图 9-3　两种证券市场线比较**

## 八、证券特征线

证券特征线用于描述一种证券的实际收益率。具体来说，证券特征线是证券 i 的实际收益率 $r_i$ 与市场组合实际收益率 $r_M$ 间的关系，可用回归方程来表示：

$$r_i = a_i + b_i r_M + \varepsilon_i$$

其中，$a_i$ 是回归系数，而 $a_i$ 和 $b_i$ 分别是证券 i 的 a 系数和 b 系数；$r_i$ 为纵坐标、$r_M$ 为横坐标。回归方程的参数通过下式估计：

$$b_i = P_{iM} \times \frac{\delta_i}{\delta_M} = \frac{cov(r_i, r_M)}{\delta_M^2} = \beta_i$$

$a_i = E(r_i) - \beta_i E(r_M)$。其斜率与 $\beta$ 系数一致。证券的收益率 $r_i$ 与市场证券组合的收益率 $r_M$ 的关系通过回归方程 $r_i = a_i + b_i r_M + \varepsilon_i$ 来描述，这个回归方程被称为证券的特征方程。而市场收益率所决定的那部分收益率由回归直线 $r_i = a_i + b_i r_M$ 确定，这条回归直线被称为证券的特征线。

## 第二节　资本资产定价模型主要参数计算设计

### 一、$\beta$ 与 $\alpha$ 计算

#### （一）实验内容与步骤

（1）利用通达信股票交易软件进行数据导出。选择沪深 300 指数与华夏成长、国泰事件、博时创业、申万量化、工银量化策略混合等 5 只基金作为分析标的，采用 2012 年 7 月到 2017 年 6 月这个时间段的收盘价作为证券的价格信息。存入文件名 data20127to20176. xls。

（2）采用数据引入保存数据 data9. mat，该数据表只保存价格信息，去掉了日期和名称等信息，作为以下计算的基本数据。

（3）使用时调用方式：load data9. mat。

#### （二）实验编程与结果

1. beta 计算设计

```
clc
clear
load data92
```

% 数据列顺序为沪深 300、华夏成长、国泰事件、博时创业、申万量化、工银量化策略混合

% 将价格序列转化为收益率序列

```
retu = price2ret(data92);
```

% 华夏成长

% 协方差矩阵计算

```
matrix_cov = cov(retu(:,1),retu(:,2));
```

```
% 组合与市场的协方差/市场的方差
hxbeta = matrix_cov(1,2)/matrix_cov(1,1);
sprintf('华夏成长基金 Beta 系数 = %3.5f',hxbeta)

% 国泰事件
% 协方差矩阵计算
matrix_cov = cov(retu(:,1),retu(:,3));
% 组合与市场的协方差/市场的方差
gtbeta = matrix_cov(1,2)/matrix_cov(1,1);
sprintf('国泰事件基金 Beta 系数 = %3.5f',gtbeta)

% 博时创业
% 协方差矩阵计算
matrix_cov = cov(retu(:,1),retu(:,4));
% 组合与市场的协方差/市场的方差
bsbeta = matrix_cov(1,2)/matrix_cov(1,1);
sprintf('博时创业基金 Beta 系数 = %3.5f',bsbeta)

% 申万量化
% 协方差矩阵计算
matrix_cov = cov(retu(:,1),retu(:,5));
% 组合与市场的协方差/市场的方差
swbeta = matrix_cov(1,2)/matrix_cov(1,1);
sprintf('申万量化基金 Beta 系数 = %3.5f',swbeta)

% 工银量化策略混合
% 协方差矩阵计算
matrix_cov = cov(retu(:,1),retu(:,6));
% 组合与市场的协方差/市场的方差
gybeta = matrix_cov(1,2)/matrix_cov(1,1);
sprintf('工银量化策略混合基金 Beta 系数 = %3.5f',gybeta)
```

β 代表了风险。α 代表了超额收益，α 是个相对概念，是投资收益相对于无风险收益 β 的差额。α = 0，表明收益和无风险收益相同；α > 0，表明有超额收益，α < 0，表明收益比无风险收益低。追求最大 α 就是所谓的追求最大超额收益。指数型基金可以算是个非常接近无风险收益的投资，完全被动操作，α 值小于 0，但是非常接近 0。当然不同的跟踪指数本身还与全市场有一定的差别。所谓的 α 投资就是通过选股、选行业来获取超额收益。目前基金里提出 α 概念的有上投 α、嘉实量化 α，等等。而 β 指的是相关度，即某个投资和全市场（或者选定的参照指标）的比例。β = 1，表示某个投资与全

市场完全相关，沪深300指数基金的β就应该非常接近1。所谓的β投资，体现在仓位控制上，如果一个基金的股票上限是60%，那么它相对于全市场指数的β就会很低，因为其他40%的投资与现金或者债券和股市相关度很低。β投资不侧重选股，而侧重仓位控制，所以下跌行情下，跌幅就会小。如果敢于空仓股票，全仓债券，还可能获得正收益。如果通过α、β值选择基金，更关注的是长期的业绩和风险的平衡。α越大收益越好，相同α情况下β值越小，风险越低。

对α系数简单理解：当α>0，表示一只基金或股票的价格可能被低估，建议买入。亦即表示该基金或股票以投资技术获得平均比预期回报大的实际回报。当α<0，表示一基金或股票的价格可能被高估，建议卖空。亦即表示该基金或股票以投资技术获得平均比预期回报小的实际回报。当α=0，表示一基金或股票的价格准确反映其内在价值，未被高估也未被低估。亦即表示该基金或股票以投资技术获得平均与预期回报相等的实际回报。

2. α的计算设计

```
clc
clear
% 载入数据
load data9
```

% data9的数据序列数据列顺序为'沪深300、华夏成长、国泰事件、博时创业、申万量化、工银量化策略混合

```
retu = price2ret(data9);
hs300 = retu(:,1);
hxcz = retu(:,2);
gtsj = retu(:,3);
bscy = retu(:,4);
swlh = retu(:,5);
gylh = retu(:,6);
% 每年交易日数量，
% 共采集1215个交易日数据,共分5年,2012年到2017年。
daynum = fix(length(retu)/5);
% 无风险年华收益率为2%,将其转换成日收益率
cash = (1 +0.02)^(1/daynum) -1;
% 日收益率序列,假设每日都一样,可以使用shibor每日利率,债券回购利率,等等。
cash = cash * ones(daynum,1);
% 开始计算,采用'capm'模型,'daynum *'将alpha年化
```

alphahxcz2016 =

daynum $*$ portalpha ( hxcz ( 3 $*$ daynum $+$ 1 : 4 $*$ daynum ) , hs300 ( 3 $*$ daynum $+$ 1 : 4 $*$ daynum ) , cash ,'capm')

alphahxcz2017 =

daynum $*$ portalpha ( hxcz ( 4 $*$ daynum $+$ 1 : 5 $*$ daynum ) , hs300 ( 4 $*$ daynum $+$ 1 : 5 $*$ daynum ) , cash ,'capm')

alphagtsj2016 =

daynum $*$ portalpha ( gtsj ( 3 $*$ daynum $+$ 1 : 4 $*$ daynum ) , hs300 ( 3 $*$ daynum $+$ 1 : 4 $*$ daynum ) , cash ,'capm')

alphagtsj2017 =

daynum $*$ portalpha ( gtsj ( 4 $*$ daynum $+$ 1 : 5 $*$ daynum ) , hs300 ( 4 $*$ daynum $+$ 1 : 5 $*$ daynum ) , cash ,'capm')

alphabscy2016 =

daynum $*$ portalpha ( bscy ( 3 $*$ daynum $+$ 1 : 4 $*$ daynum ) , hs300 ( 3 $*$ daynum $+$ 1 : 4 $*$ daynum ) , cash ,'capm')

alphabscy2017 =

daynum $*$ portalpha ( bscy ( 4 $*$ daynum $+$ 1 : 5 $*$ daynum ) , hs300 ( 4 $*$ daynum $+$ 1 : 5 $*$ daynum ) , cash ,'capm')

alphaswlh2016 =

daynum $*$ portalpha ( swlh ( 3 $*$ daynum $+$ 1 : 4 $*$ daynum ) , hs300 ( 3 $*$ daynum $+$ 1 : 4 $*$ daynum ) , cash ,'capm')

alphaswlh2017 =

daynum $*$ portalpha ( swlh ( 4 $*$ daynum $+$ 1 : 5 $*$ daynum ) , hs300 ( 4 $*$ daynum $+$ 1 : 5 $*$ daynum ) , cash ,'capm')

alphagylh2016 =

daynum $*$ portalpha ( gylh ( 3 $*$ daynum $+$ 1 : 4 $*$ daynum ) , hs300 ( 3 $*$ daynum $+$ 1 : 4 $*$ daynum ) , cash ,'capm')

alphagylh2017 =

daynum $*$ portalpha ( gylh ( 4 $*$ daynum $+$ 1 : 5 $*$ daynum ) , hs300 ( 4 $*$ daynum $+$ 1 : 5 $*$ daynum ) , cash ,'capm')

运行结果如下:

alphahxcz2016 $= -0.3475$

alphahxcz2017 $= 0.0108$

alphagtsj2016 $= -0.1618$

alphagtsj2017 $= 0.1773$

alphabscy2016 $= 0.0416$

alphabscy2017 = －0.0517

alphaswlh2016 = －0.0045

alphaswlh2017 = 0.0702

alphagylh2016 = －0.1395

alphagylh2017 = 0.0603

## 二、夏普比率计算

夏普比率（Sharpe Ratio），又被称为夏普指数——基金绩效评价标准化指标。现代投资理论的研究表明，夏普比率是一个可以同时对收益与风险加以考虑的综合指标，它能够排除风险因素对绩效评估的不利影响。也是可以同时对收益与风险加以综合考虑的三大经典指标之一。投资中有一个常规的特点，即投资标的预期报酬越高，投资人所能忍受的波动风险越高；反之，预期报酬越低，承受的波动风险也越低。所以，理性的投资人选择投资标的与投资组合的主要目的为：在一定或给定所能承受的固定风险下，追求最大的报酬；或在一定或给定的预期报酬下，追求最低的风险。理性的投资者将选择并持有有效的投资组合，即那些在给定的风险水平下使期望回报最大化的投资组合，或那些在给定期望回报率的水平上使风险最小化的投资组合。解释起来非常简单，即投资者在建立有风险的投资组合时，至少应该要求达到无风险投资的回报，或者更多。

夏普比率尽管在计算上非常简单，但在具体运用中仍需要对其适用性加以注意：

（1）用标准差对收益进行风险调整，其隐含的假设就是所考察的组合构成了投资者投资的全部。因此，只有在考虑在众多的基金中选择购买某一只基金时，夏普比率才能够作为一项重要的依据。

（2）使用标准差作为风险指标也被人们认为不是很合适的。

（3）夏普比率的有效性还依赖于可以以相同的无风险利率借贷的假设。

（4）夏普比率没有基准点，因此其大小本身没有意义，只有在与其他组合的比较中才有价值。

（5）夏普比率是线性的，但在有效前沿上，风险与收益之间的变换并不是线性的，因此，夏普指数在对标准差较大的基金的绩效衡量上存在偏误。

（6）夏普比率未考虑组合之间的相关性，因此纯粹依据夏普值的大小构建组合存在很大问题。

（7）夏普比率与其他很多指标一样，衡量的是基金的历史表现，因此并不能简单地依据基金的历史表现判断未来应进行操作。

（8）计算上，夏普指数同样存在一个稳定性问题：夏普指数的计算结果与时间跨度和收益计算的时间间隔的选取有关。

尽管夏普比率存在上述诸多限制和问题，但它仍以其计算上的简便性和不需要过多的假设条件而在实践中获得了广泛的运用。

## （一）实验编程与结果

```
clc
clear
% 载入数据
load data9
```

% data9 的数据序列数据列顺序为沪深 300、华夏成长、国泰事件、博时创业、申万量化、工银量化策略混合

```
retu = price2ret(data9);
hs300 = retu(:,1);
hxcz = retu(:,2);
gtsj = retu(:,3);
bscy = retu(:,4);
swlh = retu(:,5);
gylh = retu(:,6);
```

% 每年交易日数量,

% 共采集 1215 个交易日数据,共分 5 年,2012 年到 2017 年。

```
daynum = fix(length(retu)/5);
```

% 无风险年华收益率为 2%,将其转换成日收益率

```
cash = (1 + 0.02)^(1/daynum) - 1;
```

% 日收益率序列,假设每日都一样,可以使用 shibor 每日利率,债券回购利率,等等。

```
cash = cash * ones(daynum,1);
```

% 开始计算,采用 sharpe 比率公式。

```
sharpehxcz2016 = sharpe(hxcz(3 * daynum + 1:4 * daynum),cash)
sharpehxcz2017 = sharpe(hxcz(4 * daynum + 1:5 * daynum),cash)

sharpegtsj2016 = sharpe(gtsj(3 * daynum + 1:4 * daynum),cash)
sharpegtsj2017 = sharpe(gtsj(4 * daynum + 1:5 * daynum),cash)

sharpebscy2016 = sharpe(bscy(3 * daynum + 1:4 * daynum),cash)
sharpebscy2017 = sharpe(bscy(4 * daynum + 1:5 * daynum),cash)

sharpeswlh2016 = sharpe(swlh(3 * daynum + 1:4 * daynum),cash)
sharpeswlh2017 = sharpe(swlh(4 * daynum + 1:5 * daynum),cash)
```

$$sharpegylh2016 = sharpe(gylh(3*daynum+1:4*daynum),cash)$$

$$sharpegylh2017 = sharpe(gylh(4*daynum+1:5*daynum),cash)$$

## （二）运行结果

sharpehxcz2016 =　　　 − 0. 0785

sharpehxcz2017 =　　 0. 0068

sharpegtsj2016 =　　 − 0. 0203

sharpegtsj2017 =　　 0. 0873

sharpebscy2016 =　　 0. 0034

sharpebscy2017 =　　 − 0. 0184

sharpeswlh2016 =　　 0. 00017675

sharpeswlh2017 =　　 0. 0411

sharpegylh2016 =　　　 − 0. 0200

sharpegylh2017 =　　 0. 0318

## 三、信息比率与跟踪误差计算

信息比率是以马柯维茨的均异模型为基础，可以衡量基金的均异特性，它表示单位主动风险所带来的超额收益。信息比率是从主动管理的角度描述风险调整后的收益，不同于后面将要介绍的夏普比率从绝对收益和总风险角度来描述。信息比率越大，说明基金经理单位跟踪误差所获得的超额收益越高，因此，信息比率较大的基金的表现要优于信息比率较低的基金。

投资者在选择基金时考虑的一个重要因素就是基金公司能否提供一个明确的业绩预期。因此，信息比率对考察基金经理的绩效具有非常重要的意义，因为其奖励的不是绝对业绩，而是持续稳定的业绩。合理的投资目标应该是在承担适度风险的情况下，尽量追求高信息比率，而不仅仅是单纯追求高信息比率。过低和过高的承担主动性风险都不是基金经理的一种理性选择。

跟踪误差主要用来对指数型投资组合进行绩效分析，跟踪误差越低表示投资组合跟踪指数的能力越强。跟踪误差一般以投资组合的收益率与标的证券的收益率的标准差来衡量。

## （一）实验编程与结果

```
clc
clear
% 载入数据
```

```
load data9
```

% data9 的数据序列数据列顺序为'沪深 300、华夏成长、国泰事件、博时创业、申万量化、工银量化策略混合

```
retu = price2ret( data9 );
hs300 = retu( : ,1 );
hxcz = retu( : ,2 );
gtsj = retu( : ,3 );
bscy = retu( : ,4 );
swlh = retu( : ,5 );
gylh = retu( : ,6 );
```

% 每年交易日数量,

% 共采集 1215 个交易日数据,共分 5 年,2012 年到 2017 年。

```
daynum = fix( length( retu )/5 );
```

% 无风险年华收益率为 2% ,将其转换成日收益率

```
cash = ( 1 + 0. 02 )^( 1/daynum ) − 1;
```

% 日收益率序列,假设每日都一样,可以使用 shibor 每日利率,债券回购利率,等等。

```
cash = cash * ones( daynum ,1 );
```

% 开始计算,采用' capm '模型,' daynum *'将 alpha 年化

```
[hxcz2016i,hxcz2016r] =
inforatio( hxcz( 3 * daynum + 1 :4 * daynum ) ,hs300( 3 * daynum + 1 :
4 * daynum ) )
    [hxcz2017i,hxcz2017r] =
inforatio( hxcz( 4 * daynum + 1 :5 * daynum ) ,hs300( 4 * daynum + 1 :
5 * daynum ) )

    [gtsj2016i,gtsj2016r] =
inforatio( gtsj( 3 * daynum + 1 :4 * daynum ) ,hs300( 3 * daynum + 1 :
4 * daynum ) )
    [gtsj2017i,gtsj2017r] =
inforatio( gtsj( 4 * daynum + 1 :5 * daynum ) ,hs300( 4 * daynum + 1 :
5 * daynum ) )

    [bscy2016i,bscy2016r] =
inforatio( bscy( 3 * daynum + 1 :4 * daynum ) ,hs300( 3 * daynum + 1 :
4 * daynum ) )
    [bscy2017i,bscy2017r] =
inforatio( bscy( 4 * daynum + 1 :5 * daynum ) ,hs300( 4 * daynum + 1 :
5 * daynum ) )
```

　　$\left[\,\mathrm{swlh2016i}\,,\mathrm{swlh2016r}\,\right]=$

inforatio$(\,\mathrm{swlh}(\,3*\mathrm{daynum}+1:4*\mathrm{daynum})\,,\mathrm{hs300}(\,3*\mathrm{daynum}+1:$
$4*\mathrm{daynum}\,)\,)$

　　$\left[\,\mathrm{swlh2017i}\,,\mathrm{swlh2017r}\,\right]=$

inforatio$(\,\mathrm{swlh}(\,4*\mathrm{daynum}+1:5*\mathrm{daynum})\,,\mathrm{hs300}(\,4*\mathrm{daynum}+1:$
$5*\mathrm{daynum}\,)\,)$

　　$\left[\,\mathrm{gylh2016i}\,,\mathrm{gylh2016r}\,\right]=$

inforatio$(\,\mathrm{gylh}(\,3*\mathrm{daynum}+1:4*\mathrm{daynum})\,,\mathrm{hs300}(\,3*\mathrm{daynum}+1:$
$4*\mathrm{daynum}\,)\,)$

　　$\left[\,\mathrm{gylh2017i}\,,\mathrm{gylh2017r}\,\right]=$

inforatio$(\,\mathrm{gylh}(\,4*\mathrm{daynum}+1:5*\mathrm{daynum})\,,\mathrm{hs300}(\,4*\mathrm{daynum}+1:$
$5*\mathrm{daynum}\,)\,)$

### （二）运行结果

| | | | |
|---|---|---|---|
| hxcz2016i = | − 0. 0022 | hxcz2016r = | 0. 0300 |
| hxcz2017i = | − 0. 0604 | hxcz2017r = | 0. 0091 |
| gtsj2016i = | 0. 0204 | gtsj2016r = | 0. 0381 |
| gtsj2017i = | 0. 0153 | gtsj2017r = | 0. 0108 |
| bscy2016i = | 0. 0362 | bscy2016r = | 0. 0408 |
| bscy2017i = | − 0. 0641 | bscy2017r = | 0. 0122 |
| swlh2016i = | 0. 0376 | swlh2016r = | 0. 0363 |
| swlh2017i = | − 0. 0275 | swlh2017r = | 0. 0100 |
| gylh2016i = | 0. 0208 | gylh2016r = | 0. 0374 |
| gylh2017i = | − 0. 0345 | gylh2017r = | 0. 0102 |

**本章小结**

1. beta 代表了风险。beta 投资不侧重选股，而侧重仓位控制，所以下跌行情下，跌幅就会小。如果敢于空仓股票，全仓债券，还可能获得正收益。

2. 对 α 系数简单理解：当 α > 0，表示一基金或股票的价格可能被低估，建议买入，亦即表示该基金或股票以投资技术获得平均比预期回报大的实际回报。当 α < 0，表示一基金或股票的价格可能被高估，建议卖空，亦即表示该基金或股票以投资技术获得平均比预期回报小的实际回报。当 α = 0，表示一基金或股票的价格准确反映其内在价值，未被高估也未被低估，亦即表示该基金或股票以投资技术获得平均与预期回报相等的实际回报。

3. 夏普比率是可以同时对收益与风险加以综合考虑的三大经典指标之一。投资中有一个常规的特点，即投资标的的预期报酬越高，投资人所能忍受的波动风险越高；反之，预期报酬越低，投资人所能忍受的波动风险也越低。所以，理性的投资人选择投资标的与投资组合的主要目的为：在所能承受的给定风险下，追求最大的报酬；或在给定的预期报酬下，追求最低的风险。理性的投资者将选择并持有有效的投资组合，即那些在给定的风险水平下使期望回报最大化的投资组合，或那些在给定期望回报率的水平上使风险最小化的投资组合。

4. 信息比率是以马柯维茨的均异模型为基础，可以衡量基金的均异特性，它表示单位主动风险所带来的超额收益。信息比率是从主动管理的角度描述风险调整后收益，不同于夏普比率从绝对收益和总风险角度来描述。跟踪误差主要用来对指数型投资组合进行绩效分析，跟踪误差越低表示投资组合跟踪指数的能力越强。跟踪误差一般采用投资组合的收益率与标的证券的收益率的标准差来衡量。

### 复习思考题

1. 计算一组股票的 Beta 系数，试着画出一条证券生产线。
2. 选择几种股票，试着画出其证券特征线。

# 第十章
# 期权定价二叉树模型计算

**【实验目的与要求】**

◇了解各种期权定价模型的主要思路和假设条件；

◇掌握 B－S 期权定价公式的计算方法；

◇掌握期权定价二叉树模型的计算方法；

◇掌握期权定价蒙特·卡罗模拟的计算方法；

◇理解各种期权定价方法的优劣。

## 第一节  期权定价的基础知识

## 一、期权的基本概念

期权又称为选择权，是一种衍生性金融工具。它是指买方向卖方支付期权费（指权利金）后拥有的在未来一段时间内（指美式期权）或未来某一特定日期（指欧式期权）以事先规定好的价格（指履约价格）向卖方购买或出售一定数量的特定商品的权利，但不负有必须买进或卖出的义务，即期权买方拥有选择是否行使买入或卖出的权利，而期权卖方都必须无条件服从买方的选择并履行成交时的允诺。

由于期权交易方式、方向、标的物等方面的不同，产生了众多的期权品种，对期权进行合理的分类，更有利于我们了解期权产品。

按期权的权利划分，有看涨期权和看跌期权两种类型。

看涨期权（Call Options）是指期权的买方向期权的卖方支付一定数额的权利金后，即拥有在期权合约的有效期内，按事先约定的价格向期权卖方买入一定数量的期权合约规定的特定商品的权利，但不负有必须买进的义务。而期权卖方有义务在期权规定的有效期内，应期权买方的要求，以期权合约事先规定的价格卖出期权合约规定的特定商品。

看跌期权（Put Options）：期权买方按事先约定的价格向期权卖方卖出一定数量的期权合约规定的特定商品的权利，但不负有必须卖出的义务。而期权卖方有义务在期权规定的有效期内，应期权买方的要求，以期权合约事先规定的价格买入期权合约规定的特定商品。

一是作为期权的买方（无论是看涨期权还是看跌期权）只有权利而无义务，他的风险是有限的（亏损最大值为权利金），但在理论上获利是无限的。二是作为期权的卖方（无论是看涨期权还是看跌期权）只有义务而无权利，在理论上他的风险是无限的，但收益是有限的（收益最大值为权利金）。三是期权的买方无须付出保证金，卖方则必须支付保证金以作为必须履行义务的财务担保。

按期权的交割时间划分，有美式期权和欧式期权两种类型。美式期权是指在期权合约规定的有效期内任何时候都可以行使权利。欧式期权是指在期权合约规定的到期日方可行使权利，期权的买方在合约到期日之前不能行使权利，过了期限，合约则自动作废。中国新兴的外汇期权业务，类似于欧式期权，但又有所不同。

按期权合约上的标的划分，有股票期权、股指期权、利率期权、商品期权以及外汇期权等种类。

标准欧式期权的最终收益只依赖于到期日当天的原生资产价格。而路径相关期权（Path - Dependent Option）则是最终收益与整个期权有效期内原生资产价格的变化都有关的一种特殊期权。按照其最终收益对原生资产价格路径的依赖程度可将路径相关期权分为两大类：一类是其最终收益与在有效期内原生资产价格是否达到某个或几个约定水平有关，称为弱路径相关期权；另一类期权的最终收益依赖于原生资产的价格在整个期权有效期内的信息，称为强路径相关期权。

弱路径相关期权中最典型的一种是关卡期权（Barrier Option）。严格意义上讲，美式期权也是一种弱路径相关期权。

强路径相关期权主要有两种：亚式期权（Asian Option）和回望期权（Lookback Option）。亚式期权在到期日的收益依赖于整个期权有效期内原生资产经历的价格的平均值，又因平均值意义不同分为算数平均亚式期权和几何平均亚式期权；回望期权的最终收益则依赖于有效期内原生资产价格的最大（小）值，持有人可以"回望"整个价格演变过程，选取其最大（小）值作为敲定价格。

期权交易与期货交易之间既有区别又联系。其联系是：第一，两者均是以买卖远期标准化合约为特征的交易。第二，在价格关系上，期货市场价格对期权交易合约的敲定价格及权利金确定均有影响。一般来说，期权交易的敲定的价格是以期货合约所确定的远期买卖同类商品交割价为基础，而两者价格的差额又是权利金确定的重要依据。第三，期货交易是期权交易的基础交易的内容一般期权均为是否买卖一定数量期货合约的权利。期货交易越发达，期权交易的开展就越具有基础，因此，期货市场发育成熟和规则完备为期权交易的产生和开展创造了条件。期权交易的产生和发展又为套期保值者和投机者进行期货交易提供了更多可选择的工具，从而扩大和丰富了期货市场的交易内容。第四，期货交易可以做多做空，交易者不一定进行实物交收。期权交易同样可以做多做空，买方不一定要实际行使这个权利，只要有利，也可以把这个权利转让出去。卖方也不一定非履行不可，而可在期权买入者尚未行使权利前通过买入相同期权的方法以解除他所承担的责任。第五，由于期权的标的物为期货合约，因此期权履约时买卖双方会得到相应的期货部位。

## 二、期权的定价

期权定价，内含价值，也称内在价值，是期权持有人因通过行权获得股票而不是直接购买股票而实现的收益。期权价值的两个基本构成要素是内含价值和时间价值。内含价值，也称内在价值，是期权持有人因通过行权获得股票而不是直接购买股票而实现的收益。期权具有时间价值的原因是，期权持有人在行权以前不必支付行权价款。随着时间的推移，股票市价可能升高，从而产生额外的内含价值。只要在到期前，所有期权都具有时间价值。在风险系数等其他条件相同时，距到期时间越长，时间价值越大。时间价值根据其形成原因两个构成要素：货币时间价值和波动价值。期权持有人在等待行权的时候，可以先把资金投向其他的地方。比如无风险国债（T – bills）的回报率。货币的时间价值越高，能够推迟支付行权价的价值也就越高。波动价值代表了期权持有者从期权对应股票的市价增值中获得利润，或者同时最多损失期权价值而不是损失股票的全部市价的可能性。例如，股票的波动是指以前的或者是预计未来股票价格波动的金额。一般来说，股票的波动性越大，潜在收益就越大，即风险奖励（Risk Reward）。股票的波动通常是按照统计分布的标准差计量的。期权定价模型通过考虑预计股价的波动来假设未来股价的统计分布，由此估计未来股价的各种可能性。比如布莱克—斯科尔斯模型会假设股价服从对数正态分布。该假设认为股价的小幅波动比大幅波动可能性更大。股票波动性越大，市价具有较大增加幅度的可能性越高。因为大幅下跌的成本受到股票期权现行价值的限制，但股价大幅上升带来的利润却是无限的。大幅波动的股票上的期权比波动小的股票上的期权更可能带来更大的利润。

## 三、期权定价模型

期权定价模型（OPM）由布莱克与斯科尔斯在 20 世纪 70 年代提出。该模型认为，股价的当前值与未来的预测有关，变量过去的历史及演变方式与未来的预测不相关。模型表明，期权价格的决定非常复杂，合约期限、股票现价、无风险资产的利率水平以及交割价格等都会影响期权价格。

期权的定价方法主要有：（1）布莱克－休尔斯（Black－Scholes，B－S）公式；（2）二项式定价方法；（3）风险中性定价方法；（4）鞅定价方法等。期权定价的主要模型有：

B－S 模型。期权定价模型基于对冲证券组合的思想。投资者可建立期权与其标的股票的组合来保证确定报酬。在均衡时，此确定报酬必须得到无风险利率。期权的这一定价思想与无套利定价的思想是一致的。所谓无套利定价就是说任何零投入的投资只能得到零回报，任何非零投入的投资，只能得到与该项投资的风险所对应的平均回报，而不能获得超额回报（超过与风险相当的报酬的利润）。从 Black－Scholes 期权定价模型的推导中不难看出，期权定价本质上就是无套利定价。其假设条件是：标的资产价格服从对数正态分布；在期权有效期内，无风险利率和金融资产收益变量是恒定的；市场无摩擦，即不存在税收和交易成本；金融资产在期权有效期内无红利及其他所得（该假设后被放弃）；该期权是欧式期权，即在期权到期前不可实施。

期权定价的二项式模型（BOPM）。二项式模型的假设主要有：不支付股票红利；交易成本与税收为零；投资者可以以无风险利率拆入或拆出资金；市场无风险利率为常数；股票的波动率为常数。假设在任何一个给定时间，金融资产的价格以事先规定的比例上升或下降。如果资产价格在时间 t 的价格为 S，它可能在时间 $t+\Delta t$ 上升至 uS 或下降至 dS。假定对应资产价格上升至 uS，期权价格也上升至 Cu，如果对应资产价格下降至 dS，期权价格也降至 Cd。当金融资产只可能达到这两种价格时，这一顺序称为二项程序。

二项式期权定价模型和 B－S 期权定价模型是两种相互补充的方法。二项式期权定价模型推导比较简单，更适合说明期权定价的基本概念。二项式期权定价模型建立在一个基本假设基础上，即在给定的时间间隔内，证券的价格运动有两个可能的方向：上涨或者下跌。虽然这一假设非常简单，但由于可以把一个给定的时间段细分为更小的时间单位，因而二项式期权定价模型适用于处理更为复杂的期权。

随着要考虑的价格变动数目的增加，二项式期权定价模型的分布函数就越来越趋向于正态分布，二项式期权定价模型和 B－S 期权定价模型相一致。二项式期权定价模型的优点是简化了期权定价的计算并增加了直观性，因此现在已成为全世界各大证券交易所的主要定价方式之一。

　　BOPM 的定价依据是在期权在第一次买进时，能建立起一个零风险套头交易，或者说可以使用一个证券组合来模拟期权的价值，该证券组合在没有套利机会时应等于买权的价格；反之，如果存在套利机会，投资者则可以买两种产品种价格便宜者，卖出价格较高者，从而获得无风险收益，当然这种套利机会只会在极短的时间里存在。这一证券组合的主要功能是给出了买权的定价方法。与期货不同的是，期货的套头交易一旦建立就不用改变，而期权的套头交易则需不断调整，直至期权到期。

## 第二节　B－S 公式与二项式定价设计

## 一、B－S 公式的设计

### （一）实验内容与步骤

【例 10－1】　B－S 期权定价公式的计算函数 blsprice。

调用方式：

$$[\text{Call}, \text{Put}] = \text{blsprice}(\text{Price}, \text{Strike}, \text{Rate}, \text{Time}, \text{Volatility}, \text{Yield})$$

输入参数：

　　Price：标的资产价格；

　　Strike：执行价；

　　Rate：无风险利率；

　　Time：距离到期日的时间，即期权的存续期；

　　Volatility：标的资产的标准差；

　　Yield：标的资产的红利率。

输出参数：

　　Call：欧式看涨期权价格；

　　Put：欧式看跌期权价格。

股票价格为 100，股票波动率标准差为 0.5，无风险率为 10%，期权执行价 95，存续期为 0.25 年，试计算该股票欧式期权价格。

## （二）运行命令与结果

>> [ Call,Put ] = blsprice( 100,95,0.1,0.25,0.5 )

Call = 13.6953

Put = 6.3497

# 二、隐含波动率的计算

隐含波动率（Implied Volatility）是将市场上的期权或权证交易价格代入权证理论价格模型，反推出来的波动率数值。由于期权定价模型（如 B－S 模型）给出了期权价格与五个基本参数（标的股价、执行价格、利率、到期时间、波动率）之间的定量关系，只要将其中前 4 个基本参数及期权的实际市场价格作为已知量代入定价公式，就可以从中解出唯一的未知量，其大小就是隐含波动率。

【例 10－2】股票价格为 100，股票波动率标准差为 0.5，无风险率为 10%，一年到期期权执行价 95，假设目前看涨期权价格 Call = 15.00 元，看跌期权 Put = 7.00 元。分别计算其隐含的波动率。

看涨期权隐含波动率计算函数：

function f = ImpliedVolatitityCallObj ( Volatility, Price, Strike, Rate, Time,Callprice )

% ImpliedVolatitityCallObj

[ Call,Put ] = blsprice( Price,Strike,Rate,Time,Volatility ) ;

% fc( ImpliedVolatitity ) = Call － Callprice = 0

f = Call － Callprice ;

看跌期权隐含波动率计算函数：

function f = ImpliedVolatitityPutObj ( Volatility, Price, Strike, Rate, Time,Putprice )

% ImpliedVolatitityCallObj

[ Call,Put ] = blsprice( Price,Strike,Rate,Time,Volatility ) ;

% fp( ImpliedVolatitity ) = Put － Putprice = 0

f = Put － Putprice

## （一）实验编程与结果

% TestImpliedVolatility

Price = 100 ;

Strike = 95 ;

Rate = 0.10 ;

```
Time = 1.0;
CallPrice = 15.0;
PutPrice = 7.0;
[Vc,Vp,Cfval,Pfval] = ImpliedVolatility(Price,Strike,Rate,Time,
CallPrice,PutPrice)
function[Vc,Vp,Cfval,Pfval] = ImpliedVolatility(Price,Strike,Rate,
Time,CallPrice,PutPrice)
% ImpliedVolatility
% 优化算法初始迭代点;
Volatility0 = 1.0;
% CallPrice 对应的隐含波动率
[Vc,Cfval] = fsolve(@(Volatility)ImpliedVolatitityCallObj(Volatili-
ty,Price,Strike,...
        Rate,Time,CallPrice),Volatility0);
% CallPrice 对应的隐含波动率
[Vp,Pfval] = fsolve(@(Volatility)ImpliedVolatitityPutObj(Volatili-
ty,Price,Strike,...
        Rate,Time,PutPrice),Volatility0)
```

## （二）运行结果

```
Vc = 0.1417        Cfval = 3.7957e - 011
Vp = 0.3479        Pfval = 7.1054e - 015
```

## （三）期权价格与隐含波动率的关系图制作

1. 关系图的设计

```
% 标的资产价格
Price = 100;
% 执行价格
Strike = 95;
% 无风险收益率（年化）
Rate = 0.1;% 10%
% 剩余时间
Time = 3/12;% = 0.25;
% 年化波动率
Volatility = 0.1:0.01:0.5;
N = length(Volatility)
Call = zeros(1,N);
Put = zeros(1,N);
```

```
for i = 1 : N
        [ Call( i ) , Put( i ) ] = blsprice( Price , Strike , Rate , Time , Volatility
( i ) ) ;
    end
    plot( Call , 'b --' ) ;
    hold on
    plot( Put , 'b' ) ;
    xlabel( 'Volatility' )
    ylabel( 'price' )
    legend( 'Call' , 'Put' )
```

2. 运行结果

运行结果如图 10 - 1 所示。

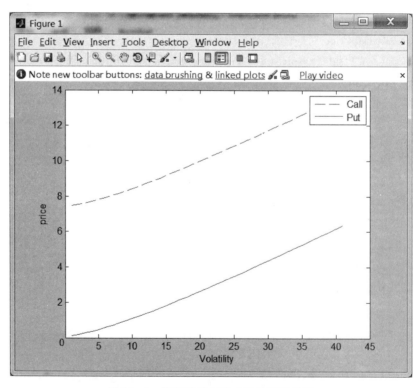

图 10 - 1    期权价格与隐含波动率的关系

## 三、期权定价的二叉树方法设计

【例 10 - 3】股票价格为 100，股票波动率标准差为 0.5，无风险率为 10% ，期权执行价 95，存续期为半年，试计算该股票欧式期权价格。

## （一）实验编程与结果

**实验设计**

% 标的资产价格

Price = 100 ;

% 执行价格

Strike = 95 ;

% 无风险收益率（年化）

Rate = 0. 1 ;%10%

% 剩余时间

Time = 6/12 ;% ;

% 看涨期权

flag = 1 ;

% 每阶段间隔 1 个月

Increment = 1/12 ;

% 波动率

Volatility = 0. 5 ;

[ AssetPrice , OptionValue ] = binprice ( Price , Strike , Rate , Time , Increment , Volatility , flag )

## （二）运行结果

标的资产的价格路径：

AssetPrice =

| 100.0000 | 115.5274 | 133.4658 | 154.1896 | 178.1312 | 205.7904 | 237.7443 |
|---|---|---|---|---|---|---|
| 0 | 86.5596 | 100.0000 | 115.5274 | 133.4658 | 154.1896 | 178.1312 |
| 0 | 0 | 74.9256 | 86.5596 | 100.0000 | 115.5274 | 133.4658 |
| 0 | 0 | 0 | 64.8552 | 74.9256 | 86.5596 | 100.0000 |
| 0 | 0 | 0 | 0 | 56.1384 | 64.8552 | 74.9256 |
| 0 | 0 | 0 | 0 | 0 | 48.5931 | 56.1384 |
| 0 | 0 | 0 | 0 | 0 | 0 | 42.0620 |

看涨期权的价格路径：

OptionValue =

| 18.7590 | 28.7934 | 42.8646 | 61.5351 | 84.7014 | 111.5787 | 142.7443 |
|---|---|---|---|---|---|---|
| 0 | 9.3164 | 15.5932 | 25.4266 | 40.0360 | 59.9780 | 83.1312 |
| 0 | 0 | 3.3699 | 6.2939 | 11.6477 | 21.3158 | 38.4658 |
| 0 | 0 | 0 | 0.5838 | 1.1945 | 2.4439 | 5.0000 |
| 0 | 0 | 0 | 0 | 0 | 0 | 0 |
| 0 | 0 | 0 | 0 | 0 | 0 | 0 |
| 0 | 0 | 0 | 0 | 0 | 0 | 0 |

**本章小结**

1. 期权又称为选择权，是一种衍生性金融工具，是指买方向卖方支付期权费后拥有的在未来一段时间内或未来某一特定日期以事先规定好的价格向卖方购买或出售一定数量的特定商品的权利，但不负有必须买进或卖出的义务，而期权卖方则必须无条件服从买方的选择并履行成交时的允诺。按期权的权利划分，有看涨期权和看跌期权两种类型。按期权的交割时间划分，有美式期权和欧式期权两种类型。按期权合约上的标的划分，有股票期权、股指期权、利率期权、商品期权以及外汇期权等种类。

2. 期权价值的两个基本构成要素是内含价值和时间价值。内含价值是期权持有人因通过行权获得股票而不是直接购买股票而实现的收益。期权具有时间价值期权持有人在行权以前不必支付行权价款。随着时间的推移，股票市价可能升高，从而产生额外的内含价值。

3. 期权定价模型表明，期权价格的决定非常复杂，合约期限、股票现价、无风险资产的利率水平以及交割价格等都会影响期权价格。定价方法主要有：（1）Black - Scholes 公式；（2）二项式定价方法；（3）风险中性定价方法；（4）鞅定价方法等。

4. 期权定价的主要模型有 B - S 模型和二项式模型。由 B - S 模型可以看出期权定价本质上就是无套利定价。其假设条件是：标的资产价格服从对数正态分布；在期权有效期内，无风险利率和金融资产收益变量是恒定的；市场无摩擦，即不存在税收和交易成本；金融资产在期权有效期内无红利及其他所得（该假设后被放弃）；该期权定价方式仅适用于欧式期权，即在期权到期前不可实施。在投资过程中，对现有指标的熟悉与判断固然重要，但这只是一个基本的要求，经过多年的投资经验积累和思考，应该有自己特有的投资心得，并把它转化成自己独有的财富，以更好地、更高效地得出符合自己投资期望的观察点。

**复习思考题**

1. 从我国证券市场选择一只期权，计算其看涨期权与看跌期权的价格。

2. 选择一支期权，就当前的交易价格，计算其隐含波动率。

# 第十一章
# 期权定价的蒙特·卡罗
# 模拟方法实验

【实验目的与要求】

◇了解蒙特·卡罗方法进行金融模拟计算的原理；

◇掌握蒙特·卡罗模拟方法的一般步骤；

◇掌握多种期权的蒙特·卡罗方法定价计算。

## 第一节　蒙特·卡罗模拟方法的基础知识

蒙特·卡罗（Monte Carlo）方法，又称随机抽样或统计试验方法，属于计算数学的一个分支。它所要求解的问题是某种事件出现的概率，或者是某个随机变量的期望值时，它们可以通过某种"试验"的方法，得到这种事件出现的频率，或者这个随机变量的平均值，并用它们作为问题的解。这就是蒙特·卡罗方法的基本思想。蒙特·卡罗方法通过抓住事物运动的几何数量和几何特征，利用数学方法来加以模拟，即进行一种数字模拟实验。它是以一个概率模型为基础，按照这个模型所描绘的过程，通过模拟实验的结果，作为问题的近似解。可以把蒙特·卡罗解题归结为三个主要步骤：构造或描述概率过程；实现从已知概率分布抽样；建立各种估计量。采用蒙特·卡罗方法计算金融资产价格一般分为五个阶段：

（1）确定输入变量（如日收益率）的随机特征，即模拟数据产生所依据的概率分布；

（2）按照上面的分布来随机产生输入数据；

（3）根据系统逻辑（标的资产到期的价格与日复合利率的关系）生成基本变量（如标的资产的价格）的未来值；

（4）重复多次的期望值就是被模拟变量的未来值，再贴现后得现值；

（5）可以使用技术方法增加准确性。

## 第二节　蒙特·卡罗模拟方法的程序设计

### （一）实验内容与步骤

【例 11 – 1】如对某 1 年期看涨期权进行定价。标的资产目前价格为 1000，期权的到期执行价格也是 1000，无风险利率为 6%，标的资产的收益率分布为非正态分布，用蒙特·卡罗方法给该期权定价。

第一步：确定标的资产的分布的统计特征值，即期望和标准差：根据具体数据计算其日收益率的期望值 = 0.000455，日收益率的标准差 = 0.0100694。该日收益率的标准差数可以用做模拟过程的输入变量的统计特征值。但是，由于要计算期权是期权的理论价格，而理论价格是在风险中性的假设下。因此日收益率使用日连续复利收益率，由年 6% 换算得到复利收益率为 0.000189。上面得到日收益率 0.000455 的期望值不可用，在收益率分布图中表现为左移。

第二步：预算标的资产在期权到期日的价格按照参数的分布图，随机产生 250 个（一年的交易日）日收益率，通过计算就得到了一次模拟后（一种情景）标的资产的到期价格。

第三步：重复运算多次达到误差要求，比如本例，需要模拟 125000 次，得到 125000 个标的资产的可能价格，从而也得到 125000 个期权的到期价格；

第四步：求均值，再贴现即得期权的当前价格。

### （二）实验编程与结果

1. 假定资产收益分布服从正态分布时的实验编程设计

【例 11 – 2】对某 1 年期看涨期权进行定价。标的资产目前价格为 $S_0 = 1000$，期权的到期执行价是 $X = 1050$，无风险利率为 6%，用蒙特·卡罗方法给该期权定价。

```
clc
clear
m = 250;                    %% 每年的交易天数
n = 1250;                   %% 蒙特卡罗模拟样
                               本个数，该数字
                               的确定需要实验
```

```
mnr = normrnd(0.000189,0.0100694,m,n);   %%250 个交易日,
                                          12500 组样本
for i = 1:n                               %%每一组样本的定
                                          价计算
    temp = 1000 * exp(sum(mnr(:,i)));     %%St = So * exp(r1 +
                                          r2 + … + r250)
    c(i) = max((temp - 1050),0);          %%Ct = max(St - X,0)
end
ct = mean(c);                             %%12500 组样本的均值
ct = ct/1.06                              %%贴现

figure                                    %%创建新图
hist(mnr(:,2),300)                        %%一次模拟样本的日收
                                          益直方图,横轴 300 份作图

figure
hist(mnr,30)                              %%12500 组样本的日收益
                                          直方图,横轴 30 份作图

                                          %%均匀分布图
ufr = unifrnd(1,3,[3000,5]);
figure
hist(ufr(:,2),300)

%%指数分布图
abc = random('exp',2,1000,3,[3000,5]);
figure
hist(abc(:,2),300)

%%正态分布图
mnr = normrnd(0,1,1000,1);
figure
hist(mnr(:,1),300)
```

2. 标的资产的收益分布模拟图

标的资产的收益分布模拟如图 11 - 1（为非正态分布,设法用 B - S 公式计算）所示。

### （三）标的资产服务从几何布朗运动的实验设计

**【例 11 - 3】** 欧式期权的蒙特·卡罗模拟案例

假定股票价格服从几何布朗运动,股票现价 $S_0$ = 50 元,到期执行价为 E = 52 元,无风险利率 r = 10%,股票波动的标准差 sigma = 0.4,

期权到期日 T = 5/12。用蒙特·卡罗模拟方法计算该期权的价格。

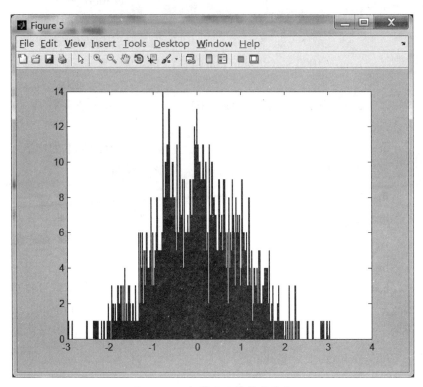

图 11 - 1　标的资产的收益分布

1. 实验设计

% 欧式期权的定价案例

$[Price, VarPrice, CI] = BlsMCIS(50, 52, 0.1, 5/12, 0.4, 1000)$

$function[Price, VarPrice, CI] = BlsMCIS(S0, K, r, T, sigma, NRepl)$

% 设置随机数状态

$randn('state', 0);$

% 生成布朗运动路径

$nuT = (r - 0.5 * sigma^2) * T;$

$siT = sigma * sqrt(T);$

$ISnuT = \log(K/S0) - 0.5 * sigma^2 * T;$

% 生成服从 N (0, 1) 的随机数

$Veps = randn(NRepl, 1);$

$VY = ISnuT + siT * Veps;$

$ISRatios = \exp((2 * (nuT - ISnuT) * VY - nuT^2 + ISnuT^2)/2/siT^2);$

% 收益率计算

$DiscPayoff = \exp(-r * T) * \max(0, (S0 * \exp(VY) - K));$

％用正态分布函数 normfit 对模拟结果进行拟合

[Price,VarPrice,CI] = normfit(DiscPayoff. * ISRatios);

2. 运行结果

Price = 4.4791

VarPrice = 7.8042

CI = 3.9948

　　　4.9634

运行结果表明，看涨期权的模拟价格为 4.4791 元，模拟样本拟合方差为 7.8042，期权价格 95% 的置信区间为 [3.9948,4.9634]。

**本章小结**

1. 金融衍生品的设计越来越复杂，而能够采用类似 B – S 式计算期权价格的品种很有限，大部分金融衍生品的定价不得不借用计算机的强大计算能力来实现，这也是计算金融学的研究领域。

2. 能用计算机程序化处理的定价都需要有一个固定的套路，因此要想借用计算机进行金融计算的前提就是必须对各种金融产品的设计过程有清晰的了解，这样才能整理出可以让计算机遵循的套路。

3. 蒙特·卡罗模拟方法模拟次数的选择是一个非常技术性的问题，达到预期精度的模拟次数与该金融产品的复杂度有关。

4. 提高蒙特·卡罗模拟效率的方法也很丰富，如对偶变量技术、控制变量技术、分层抽样技术、重要性抽样技术、条件蒙特·卡罗模拟，等等。

**复习思考题**

1. 通过一个金融工具的蒙特·卡罗模拟定价计算，选择不同的模拟次数，从中能得到什么？

2. 选择一个美式期权的定价进行蒙特·卡罗模拟计算。

# 第十二章

# VaR 三种计算方法比较实验

【实验目的与要求】

◇了解 VaR 的基本概念、VaR 的优缺点及其改进；

◇掌握 VaR 的多种计算方法；

◇理解 VaR 不同计算方法的选择。

## 第一节　VaR 模型的基础知识

### 一、VaR 的概念

VaR 方法（Value at Risk 方法，风险价值方法），也称受险价值方法、在险价值方法。传统的 ALM（Asset – Liability Management，资产负债管理）过于依赖报表分析，缺乏时效性，利用方差及 β 数来衡量风险太过于抽象，不直观，而且反映的只是市场（或资产）的波动幅度；而 CAPM（资本资产定价模型）又无法糅合金融衍生品种。在上述传统的几种方法都无法准确定义和度量金融风险时，G20 集团在研究衍生品种的基础上，于 1993 年发表了题为《衍生产品的实践和规则》的报告，提出了度量市场风险的 VaR 方法，且已成为目前金融界测量市场风险的主流方法。稍后由摩根（J. P. Morgan）推出的用于计算 VaR 的 Risk Metrics 风险控制模型更是被众多金融机构广泛采用。目前国外一些大型金融机构已将其所持资产的 VaR 风险值作为其定期公布的会计报表的一项重要内容加以列示。

VaR 模型在金融风险管理中的应用越来越广泛。特别是随着 VaR 模型的不断改进，不但应用于金融机构的市场风险信用风险的定量研究，而且正与线性规划模型（LPM）和非线性规划模型（ULPM）等规划模型论有机地结合起来，成为金融机构市场风险等的最佳定量分析法，以利于金融机构对于潜在风险控制进行最优决策。

对于 VaR 在国外的应用，正如书中引言指出的，巴塞尔委员会要求有条件的银行将 VaR 值结合银行内部模型，以计算适应市场风险要求的资本数额；G20 集团建议用 VaR 来衡量衍生工具的市场风险，并且认为是市场风险测量和控制的最佳方法；SEC 也要求美国公司采用 VaR 模型作为三种可行的披露其衍生交易活动信息的方法之一。这表明，不但金融机构内部越来越多地采用 VaR 作为评判金融机构本身的金融风险，同时，越来越多的监管机构也用 VaR 方法作为评判金融机构风险大小的方法。

VaR 在险价值是指在市场正常波动下，某一金融资产或证券组合的最大可能损失。更为确切的，是指在一定概率水平（置信度）下，某一金融资产或证券组合价值在未来特定时期内的最大可能损失。

## 二、VaR 的主要特点

第一，可以用来简单明了地表示市场风险的大小，没有任何技术色彩，没有任何专业背景的投资者和管理者都可以通过 VaR 值对金融风险进行评判；

第二，可以事前计算风险，不像以往风险管理的方法都是在事后衡量风险大小；

第三，不仅能计算单个金融工具的风险，还能计算由多个金融工具组成的投资组合风险，这是传统金融风险管理所不能做到的。

所谓 VaR，按字面意思解释就是"按风险估价"，即正常波动情形下对投资可能损失的一种统计测度。在已知投资的未来收益分布的条件下，在给定置信水平下的投资的值即为 VaR。用数学公式表示：

$$\mathrm{Prob}(\Delta p > -\mathrm{VaR}) = \mathrm{Prob}(-\Delta p < \mathrm{VaR}) = \alpha$$

其中，$\Delta p$ 为投资的收益，$-\Delta p$ 为投资的损失，VaR 即为在置信水平 $\alpha$（一般为95%等）下处于风险中的价值，如图 12 - 1 所示。

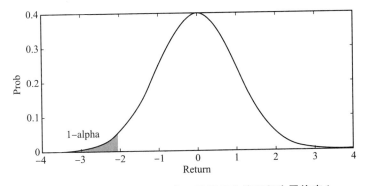

图 12 - 1　正态分布的密度函数，阴影部分的面积为置信度 1 - α

## 三、VaR 的应用估计

VaR 在 1993 年由国际清算银行引入，欧盟从 1997 年，美国从 1998 年，国际上许多大的银行都用 VaR 计算交易下的可能损失。VaR 用于投资组合计算的基本思想和步骤：VaR 本质上是对证券组合价值波动的统计测量，其核心在于构造证券组合价值变化的概率分布。基本思想仍然是利用证券组合价值的历史波动信息来推断未来情形，只不过对未来价值波动的推断给出的不是一个确定值，而是概率分布。在大多数情况下，由于证券组合庞大而复杂，且保留证券组合中所有证券的历史数据不太现实，因此直接估算某种证券组合的收益（或损失）几乎是不可能的，在 VaR 的计算中将每一个证券映射为一系列"市场因子"（Market Factors）的组合。市场因子是指影响证券组合价值变化的利率、汇率、股指及商品价格等基础变量。

基于上述基本思想，VaR 计算的基本步骤包括：辨识市场因子，并将证券组合中的每一证券价值用市场因子表示；推测市场因子未来某一时期的变化情景；由市场因子的未来情景估测证券组合的未来价值（Market-to-market）；求出损益分布，在给定置信度下计算出 VaR 值。

这里计算的关键有两个：其一是市场因子未来变化的推测；其二是证券组合价值与市场因子间的关系。

证券组合价值变化与市场因子变化的关系：除了期权类显著非线性的金融工具，大多数证券价值的变化都是市场因子变化的线性函数，这类证券组合的价值变化可以用它对市场因子的敏感性来刻画。而对于期权这种特殊的金融工具，一般用模拟的方法来描述其价值与市场因子之间的非线性关系；还可以用近似的方法来处理，即在假设 Black-Scholes 期权定价公式能够准确地对期权进行估价的基础上，取该公式的一阶近似或二阶近似。

未来的市场因子变化的推测：推测市场因子未来变化的方法有三种：第一种是历史模拟法——利用市场因子历史状况直接推测市场因子未来的情景；第二种是 Monte Carlo 模拟法——利用 Monte Carlo 模拟市场因子的未来情景；第三种是分析方法——在市场因子变化服从多元正态分布情形下，可以用方差和相关系数来描述市场因子的未来变化。根据以上的分析，不同情况下计算 VaR 的方法不同，大体上可分为三大类：历史模拟法、蒙特·卡罗模拟法和分析方法。

历史模拟法。这是一种简单的基于经验的方法，它不需要对市场因子的统计分布作出假设，而是直接根据 VaR 的定义进行计算，即根据收集到的市场因子的历史数据对证券组合的未来收益进行模拟，在给定置信度下计算潜在损失。其具体步骤如下：首先识别基础的市场因子，并用市场因子表示出证券组合中各个金融工具的盯市价值；计算市场因子过去 N 个时期的实际变化，结合当前市场因子的价值估计市场因子未来某一时期的情景值；由定价公式得到证券组合未来的盯市价值，与当前市场因子下的证券组合价值比较得到证券组合未来的潜在损益；根据潜在损益的分布，在给定置信度下计算 VaR 值。

蒙特·卡罗模拟法。该方法与历史模拟法十分类似，它们的区别在于前者利用统计方法估计历史上市场因子运动的参数，然后模拟市场因子未来的变化情景，而后者则直接根据历史数据来模拟市场因子的未来变化情景。其具体步骤如下：首先识别基础的市场因子，并用市场因子表示出证券组合中各个金融工具的盯市价值；假设市场因子的变化服从分布（如多元正态分布），估计分布的参数（如协方差矩阵和相关系数）；利用 Monte Carlo 方法模拟市场因子未来变化的情景，根据定价公式计算证券组合未来的盯市价值及未来的潜在损益；根据潜在损益的分布，在给定置信度下计算 VaR 值。

采用蒙特·卡罗模拟法计算 VaR 时，存在两个重要缺陷：其一是计算量大。一般来说，复杂证券组合往往包括不同币种的各种债券、股票、远期和期权等多种证券，其基础市场因子包括多种币种不同、期限不同的利率、汇率、股指等，构成一个庞大的因子集合。即使市场因子的数目比较少，对市场因子矢量的多元分布进行几千次甚至上万次的模拟也是非常困难的。其二是难以满足经济问题的时变性。蒙特·卡罗模拟的维数高、静态性法产生随机序列，均值和协方差矩阵不变，而经济问题中的变量都具有时变性，用静态的方法处理时变变量时必然会产生一定的偏差；而且传统蒙特·卡罗方法难以从高维的概率分布函数中抽样。针对这两种缺陷，近年来许多学者对传统的 Monte Carlo 方法进行了改进：针对 Monte Carlo 方法计算效率低的缺陷，情景模拟方法可以弥补。传统的 Monte Carlo 模拟方法根据市场因子的分布生成大量等概率的情景，而情景模拟则采用多项分布将市场因子服从的多元正态分布离散化，生成有限数目的具有不同概率的情景，从而极大地简化了计算，这一方法目前已应用于 Sakura 全球资本公司（SGC）的风险模拟系统 Sakura Prime 中。针对 Monte Carlo 方法静态性的缺陷，Markov Chain Monte Carlo 模拟将随机过程中的马尔科夫过程引入到蒙特·卡洛模拟中，利用 Gibbs 抽样方法来构造转移核，通过建立一个马尔科夫链，实现动态模拟，即随机抽取的样本分布随模拟的进行而改变。

分析方法。由于历史模拟法必须保留过去 N 个时期所有市场因子的历史数据，而且必须对证券组合中每一个证券进行估价，计算起来比较烦琐，所以人们想寻求一种较为简单的方法。分析方法就是在假定市场因子的变化服从多元正态分布情形下，利用正态分布的统计特性简化计算的方法。

## 四、VaR 方法的缺陷

由于 VaR 能够提供衡量市场风险的实用指标，不仅便于金融机构进行风险管理，而且有助于监管部门进行有效监控，因此目前已得到广泛应用。然而，经过很多学者的不断探索和实际运用部门的实践证明，VaR 无论在理论上还是应用上都还存在巨大缺陷，主要体现在三个方面：

一是对于尾部测量不充分。根据约恩（Jorion）给出的定义，VaR 是指在给定的置信水平和投资期内投资组合可能遭受的最大损失。可见，VaR 本质上只是对应于某置信水平的分位点，故又称为分位点 VaR。因此它无法考察分位点下方的信息，即所谓的左尾损失，这就是 VaR 尾部损失测量的非充分性。VaR 方法的这一缺点使人们忽略了小概率发生的巨额损失事件甚至是金融危机，而这又恰恰正是金融监管部门所必须重点关注的。

二是 VaR 的计算量非常巨大，尤其对动态情形的计算难以得到认可。

三是不满足一致性风险度量的公理化要求。著名的一致性公理是由阿兹纳（Artzner）于 1997 年提出的。其内容是：若某种风险度量满足次可加性、正齐次性、单调性和传递不变性四个条件，则该风险度量是一致性风险度量（Coherent Risk Measurement）。阿兹纳等指出，只有满足一致性要求的风险度量方法才能充当投资组合管理工具。若用向量 X，Y 表示两个投资组合的随机回报向量，$\rho$ 是风险度量，则一致性风险度量的四个公理是：

正齐次性：$\rho(aX) = a\rho(X)$，$a > 0$ 为常数。它反映了没有分散风险的效应。

次可加性：$\rho(X + Y) \leqslant \rho(X) + \rho(Y)$。它反映了组合投资具有分散风险的特点。因此，任何投资组合的风险度量应该不大于该组合中各项资产的风险度量的和。

单调性：若 $\mathrm{Prob}(X \geqslant Y) = 1$，则 $\rho(X) \leqslant \rho(Y)$。若一个投资组合优于另一个投资组合，即前者随机回报的各分量大于或等于后者随机回报对应的分量，则前者的风险至少不大于后者。

传递不变性：$\rho[X + b(1 + r)] = \rho(X) - b$，其中 r 为无风险利率，$b \geqslant 0$。若增加无风险头寸到投资组合中，则组合的风险随着无风险资产头寸的增加而减少。

一致性公理表达的是金融风险最基本的常识。通过这些条件将检验风险度量工具对投资组合的局部和总体的风险度量是否保持一致性。在一致性公理的四大条件中，次可加性是最为重要的。当 VaR 不满足次可加性，它就不是凸性的风险度量，我们也就不能通过计算技术成熟的凸规划来求得最小风险投资组合。而且，当 VaR 不满足次可加性时，投资组合的 VaR 值会大于投资组合中各项资产的 VaR 值的和，这将产生一个错误的风险规避策略：一个包含多个部门的金融机构只要将其资产分别划分给其下的各个部门，由各个部门分别计算 VaR 再求和，就能实现整个金融机构的风险降低。显然，违背次可加性将有可能给金融监管系统带来系统漏洞。另外，我们可以证明，当且仅当投资组合的损失呈正态分布时，VaR 才满足次可加性，进而满足一致性要求。但是许多文献已经给出证明，无论是在国内或是国外的证券市场，投资组合的损失分布都是厚尾和有偏的，即不满足正态性。这也意味着，用 VaR 来衡量投资组合风险是不满足次可加性的，不符合一致性公理的要求。因此研究满足一致性公理的风险度量就是非常有意义的工作。

## 五、VaR 方法的改进——条件在险价值（CVaR）

正是因为 VaR 方法越来越为人们所熟知和认可而广泛应用于金融系统的风险度量，但其本身又有着上述的缺陷，故研究界纷纷试图对其进行改良，找到一个既具有可操作性又满足一致性公理，特别是考虑了左尾损失极值的风险测度。其中，洛克菲勒等（Rockfellar and Uryasev）在 2000 年提出的 CVaR 这一概念引起了证券界金融风险管理人员的重点关注，并得到了越来越多业界人士的认可。

设 $f(x, y)$ 是在决策向量 $x$ 下的损失函数，其中向量 $x$ 可以看成是组合中各资产的头寸或者权重，向量 $y$ 表示对损失有影响的不确定性，如市场价格或收益率。对每一组合 $x$，由 $y$ 引起的损失 $f(x, y)$ 是 $R$ 上服从某一分布的随机变量。为方便起见，假设 $y$ 的密度函数为 $p(y)$，$f(x, y)$ 不超过某一个阈值的概率为：

$$\psi(x, \xi) = \int_{f(x, y) \leqslant \xi} p(y) dy$$

作为在投资组合 $x$ 固定时 $\xi$ 的函数，$\psi(x, \xi)$ 是与 $x$ 对应的损失的累积分布函数。在给定的置信度 $\alpha$ 下的 VaR 和 CVaR 定义为：

$$VaR_{\alpha}(x) = \min\{\xi | \psi(x, \xi) \geqslant \alpha\}$$

$$CVaR_{\alpha}(x) = \frac{1}{1 - \alpha} \int_{f(x, y) \geqslant VaR_{\alpha}(x)} f(x, y) p(y) dy$$

由于 CVaR 可以通过线性计算，解决了 VaR 所具有的缺陷，因此正在被众多的金融机构所采用。

针对 VaR 的缺陷，理论界还提出了很多改进的方法，比如 Expected Regret，Expected Shortfall，Tail Contional Expectation 和 Tail Mean，Worst Conditional Expectation 等。由于 CVaR 是在 VaR 的基础上进行修正而得到的结果，所以具有 VaR 的优点，同时在理论上又具有良好的性质，如次可加性、凸性等。而且在投资组合优化决策时，以 CVaR 作为优化目标，可以采用线性规划方法进行求解，求解过程还可以顺便得到投资组合的 VaR。

在险价值估计方法主要应用于风险控制。目前已有超过 1000 家的银行、保险公司、投资基金、养老金基金及非金融公司采用 VaR 方法作为金融衍生工具风险管理的手段。利用 VaR 方法进行风险控制，可以使每个交易员或交易单位都能确切地明了他们在进行有多大风险的金融交易，并可以为每个交易员或交易单位设置 VaR 限额，以防止过度投机行为的出现。如果执行严格的 VaR 管理，一些金融交易的重大亏损也许就完全可以避免。在金融投资中，高收益总是伴随着高风险，交易员可能不惜冒巨大的风险去追逐巨额利率，因此，公司出于稳健经营的需要，必须对交易员可能的过度投机行为进行限制，所以，有必要引入考虑风险因素的业绩评价指标。

## 六、VaR 的估计方法的基本步骤

VaR 的计算方法主要有三种：（1）历史模拟法（Historical Simulation Method）；（2）方差—协方差法；（3）蒙特·卡罗模拟法（Monte Carlo Simulation）

历史模拟法是借助于计算过去一段时间内的资产组合风险收益的频度分布，通过找到历史上一段时间内的平均收益，以及在既定置信水平 $\alpha$ 下的最低收益率，计算资产组合的 VaR 值。历史模拟法假定收益随时间独立同分布，以收益的历史数据样本的直方图作为对收益真实分布的估计，分布形式完全由数据决定，不会丢失和扭曲信息，然后用历史数据样本直方图的 P—分位数据作为对收益分布波动的估计。一般地，在频度分布图中（图 12 - 1，见例 12 - 1）横轴衡量某机构某日收入的大小，纵轴衡量一年内出现相应收入组的天数，以此反映该机构过去一年内资产组合收益的频度分布。

方差—协方差法同样是运用历史资料，计算资产组合的 VaR 值。其基本思路为：首先，利用历史数据计算资产组合的收益的方差、标准差、协方差；其次，假定资产组合收益是正态分布，可求出在一定置信水平下，反映了分布偏离均值程度的临界值；第三，建立与风险损失的联系，推导 VaR 值。

除了历史模拟法和方差—数准差法外，对于计算资产组合的 VaR 的方法还有更为复杂的"蒙特·卡罗模拟法"。它是基于历史数据和既定分布假定的参数特征，借助随机产生的方法模拟出大量的资产组合收益的数值，再计算 VaR 值。

根据古德哈特等人研究，计算 VaR 值三种方法的基本步骤及特征如下：

（1）确认头寸——找到受市场风险影响的各种金融工具的全部头寸。

（2）确认风险因素——确认影响资产组合中金融工具的各种风险因素。

（3）获得持有期内风险因素的收益分布——计算过去年份里的历史上的频度分布，以及过去年份里风险因素的标准差和相关系数，假定特定的参数分布或从历史资料中按自助法随机产生。

（4）将风险因素的收益与金融工具头寸相联系——按照风险因素分解头寸（Risk Mapping），将头寸的盯住市场价值表示为风险因素的函数。

（5）计算资产组合的可变性。利用从步骤 3 和步骤 4 得到的结果模拟资产组合收益的频度分布，假定风险因素是呈正态分布，计算资产组合的标准差，利用从步骤 3 和步骤 4 得到的结果模拟资产组合收益的频度分布。

（6）给定置信区间推导 VaR

## 第二节 VaR 的估计方法设计

### 一、数据读取与保存

选择上证 180 成分股最近 2 年的日收盘价格序列作为数据源，从 Excel 表中读取上证 180 的成分股及其流通盘数量、180 成分指数，然后把数据保存为 MATLAB 数据文件 SZ180Prices. Mat。数据读取与保存的程序编码如下：

%%Import data from Excel
% 从 Excel 中读取数据
% 文件 SZ180. xls 中有二个表，分别为 SZ180 指数\SZ180 指数成分股价格序列，%SZ1800 指数成分股流通股数。
[num,txt] = xlsread('SZ180. xls','SZ180');
SZ180Dates = txt(4:end,1);   %历史交易日期

SZ180Tickers = txt(1,3:end)；% 股票名称

SZ180HistPrices = num(:,2:end)；% 成分股历史价格

SZ180Index = num(:,1)；% SZ180 成分指数

[num,txt] = xlsread('SZ180.xls','Weight')；

Weight = num；% 股票的流通股数，单位为亿。

save SZ180Prices SZ180Dates SZ180Tickers SZ180HistPrices Weight SZ180Index

Excel 表的部分价格信息如表 12 - 1 所示。

表 12 - 1　　　　　　上证 180 成分股部分价格信息序列

| 日期 | 上证 180 | 浦发银行 | 首创股份 | 上海机场 | 包钢股份 | 华夏银行 |
|---|---|---|---|---|---|---|
| | 000010. SH | 600000. SH | 600008. SH | 600009. SH | 600010. SH | 600015. SH |
| | 收盘价 | 收盘价/元 | 收盘价/元 | 收盘价/元 | 收盘价/元 | 收盘价/元 |
| 2015/08/05 | 7310.29 | 10.19 | 3.94 | 27.6 | 2.94 | 8.21 |
| 2015/08/06 | 7304.83 | 10.24 | 4.22 | 25.66 | 2.69 | 8.46 |
| 2015/08/07 | 7031.6 | 10.3 | 4.59 | 25.55 | 2.45 | 8.37 |
| 2015/08/10 | 7332.04 | 10.52 | 4.63 | 27.52 | 2.68 | 8.44 |
| 2015/08/11 | 7167.77 | 10.37 | 4.56 | 26.35 | 2.66 | 8.23 |
| 2015/08/12 | 7186.64 | 10.25 | 4.61 | 26.46 | 2.73 | 8.14 |
| 2015/08/13 | 7282.28 | 10.29 | 4.45 | 27.17 | 2.76 | 8.11 |
| 2015/08/14 | 7351.09 | 10.32 | 4.67 | 27.43 | 2.77 | 8.19 |
| 2015/08/17 | 7164.62 | 10.2 | 4.81 | 26.43 | 2.66 | 7.98 |
| 2015/08/18 | 7208.58 | 9.88 | 4.58 | 27.36 | 2.68 | 8.01 |
| 2015/08/19 | 7125.86 | 9.98 | 4.64 | 27.3 | 2.6 | 8.15 |
| 2015/08/20 | 7119.28 | 9.75 | 4.18 | 27.36 | 2.61 | 8.06 |
| 2015/08/21 | 6976.28 | 9.43 | 3.98 | 26.81 | 2.52 | 7.91 |
| 2015/08/24 | 7030.85 | 8.49 | 4.37 | 26.85 | 2.54 | 7.97 |
| 2015/08/25 | 7216.03 | 8.15 | 4.19 | 27.78 | 2.6 | 8.1 |
| 2015/08/26 | 7314.59 | 8.59 | 4.3 | 27.7 | 2.64 | 8.13 |
| 2015/08/27 | 7531.18 | 9.26 | 4.4 | 27.7 | 2.76 | 8.29 |

数据调入系统内存后，在 MATLAB 在工作区中可以见到如图 12 - 2 中的各数据结构及相关信息。

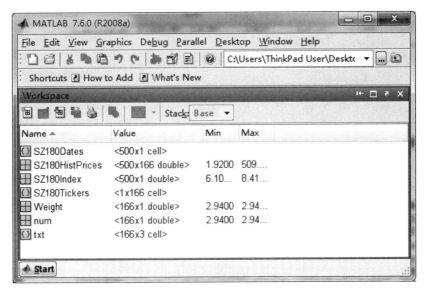

**图 12 - 2　VaR 计算数据源在工作区中的数据结构**

## 二、数据标准化与可视化

选择三种成分股代表进行数据的标准化与可视化，下载数据时注意除权数据的复权等处理，可视化效果与数据的预处理有相关性。其MATLAB 设计如下：

1. 程序设计

```
%% Convert price series to return series and visualize historical returns
% 将数据转为收益率序列并画出历史收益曲线
clear
load SZ180Prices. mat

%% Visualize price series
% 可视化价格序列
% 标准化价格，初始价格为 1. 00
normPrices = ret2tick( tick2ret( SZ180HistPrices ) ) ;

% 绘制选定股票的标准化价格，'浦发银行'，'首创股份'，'上海机场'
% 选定股票
mypick = strcmpi( SZ180Tickers，'浦发银行') | strcmpi( SZ180 Tickers，'首创股份') ...
    | strcmpi( SZ180Tickers，'上海机场') ;
% 选定股票价格序列
mypickStockPrices = SZ180HistPrices( : ,mypick) ;
% 选定股票的标准价格
```

mypickNormPrices = normPrices( : ,mypick) ;

% 选定股票的名称

mypickSZ180Tickers = SZ180Tickers( mypick) ;

% 绘制图形

plot( mypickNormPrices,'DisplayName','mypickNormPrices','YData-Source','mypickNormPrices') ;figure( gcf)

legend( mypickSZ180Tickers)

normIndexPrice = ret2tick( tick2ret( SZ180Index)) ;   % 指数标准价格

hold all

plot( normIndexPrice,'DisplayName','Index','YDataSource','normIndexPrice') ;figure( gcf)

2. 运行结果

三种代表成分股的 2 年价格曲线如图 12 - 3 所示。

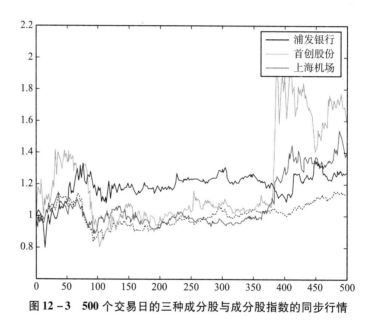

图 12 - 3　500 个交易日的三种成分股与成分股指数的同步行情

## 三、相关统计参数的计算

计算上述三种股票的均值、标准差、相关系数与 beta 系数等指标，其编码如下：

1. 程序设计

% % Simple data analysis, mean, std, correlation, beta

% 样本股票价格分析，均值、标准差、相关性与 beta

clear

```
load SZ180Prices. mat
% 选定股票
mypick = strcmpi(SZ180Tickers,'浦发银行')| strcmpi(SZ180Tickers,
'首创股份')...
      | strcmpi(SZ180Tickers,'上海机场');
% 选定股票价格序列
mypickStockPrices = SZ180HistPrices(:,mypick);
% 价格转收益率
mypickRet = tick2ret(mypickStockPrices,[],'Continuous');
mean(mypickRet)    % 均值
std(mypickRet)    % 标准差
maxdrawdown(mypickStockPrices)    % 最大回撤
corrcoef(mypickRet)    % 相关性
% 简单 Beta 计算
IndexRet = tick2ret(SZ180Index);    % 指数收益率
SCGF = tick2ret(mypickStockPrices(:,3));    % 选中股票价格转为
                                                 收益率

% 自动生成图片(cftool)
[fitresult,gof] = createFit(IndexRet,SCGF)
```

2. 运行结果

三种成分股的均值　　　　　ans = 1.0e − 003 ∗ (0.4664

　　　　　　　　　　　　　　0.9470　　0.6634)

三种成分股的标准差　　　　ans = 0.0165　　0.0307　　0.0163

三种成分股的最大回撤　　　ans = 0.2253　　0.4345　　0.2282

三种成分股的相关系数矩阵　ans = 1.0000　　−0.0052　　0.0228

　　　　　　　　　　　　　　−0.0052　　1.0000　　−0.0037

　　　　　　　　　　　　　　0.0228　　−0.0037　　1.0000

Beta 系数的计算结果：

Linear model Poly1：

fitresult(x) = p1 ∗ x + p2

Coefficients(with 95% confidence bounds)：

p1 = 　　　0.6855　　(0.582,0.789)

p2 = 　0.0005728　　(−0.0006677,0.001813)

相关统计变量 gof =

　　　　　　　　sse:0.0988

　　　　　　　　rsquare:0.2541

　　　　　　　　dfe:497

adjrsquare:0. 2526

rmse:0. 0141

首创股份的 Beta 计算结果如图 12 - 4 所示。

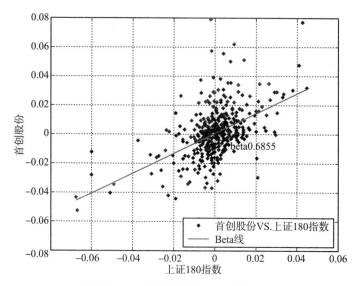

图 12 - 4　首创股份的 Beta 计算结果

## 四、估计 VaR 的数据预处理

将上证 180 成分股作为投资组合，投资组合中的股票数量选择最新流通股本数量，计算该投资组合的组合收益率序列，等等。投资组合的净值及其收益率分布如图 12 - 4 所示，图形显示时调用了 visualizeVar 程序。

1. 程序设计

```
%%Convert price series to return series and visualize historical returns
%将数据转为收益率序列并画出历史收益曲线
% 如果数据已储存
clear
load('SZ180Prices. mat')

%%Calculate return from price series
%根据价格序列计算收益率
returnsSecurity = tick2ret( SZ180HistPrices,[ ],'Continuous ') ;

%%Historical Simulation visually
%历史模拟方法，计算投资组合价值
pricesPortfolio = SZ180HistPrices * Weight ;
```

％投资组合的收益率

returnsPortfolio = tick2ret( pricesPortfolio,[ ] ,'continuous ') ;

％投资组合最后一日的市值

marketValuePortfolio = pricesPortfolio( 1 : end , 1 )';

％历史数据的 Hist 图

simulationResults = visualizeVar( returnsPortfolio,marketValuePortfolio) ;

function simulationResults = visualizeVar( returnsPortfolio , marketValuePortfolio)

% Create a single variable and plot with subplots to allow for data

% brushing to select returns and see dollar amount losses.

%

%　Copyright 2008 - 2009 The MathWorks ,Inc.

%　Edited : Jeremy Barry 02/10/2009

pricesPortfolioSimulated = returnsPortfolio * marketValuePortfolio ;

simulationResults = [ pricesPortfolioSimulated returnsPortfolio ] ;

subplot( 2 , 1 , 1 )

plot( simulationResults( : , 1 ) )

title( 'Simulated Portfolio Returns ')

xlabel( 'Time( days )')

ylabel( 'Amount( MYM )')

subplot( 2 , 1 , 2 )

hist( simulationResults( : , 2 ) , 100 )

title( 'Distribution of Portfolio Returns ')

xlabel( 'Return ')

ylabel( 'Number of occurences ')

2. 运行结果

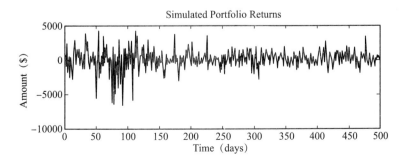

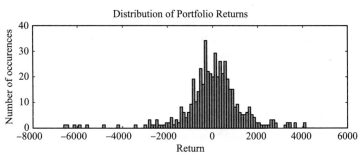

图 12 - 5　投资组合的净值与收益率分布

## 五、历史数据模拟法的计算方法

### 1. 历史数据模拟法计算 VaR 编码

```
%% 计算投资组合风险价值（VaR）- 2
clear variables% 清空变量空间
load SZ180Prices. mat

%% Calculate return from price series
% 根据价格序列计算收益率
returnsSecurity = tick2ret( SZ180HistPrices, [ ], 'Continuous' ) ;

%% Historical Simulation visually
% 历史模拟方法，计算投资组合价值
pricesPortfolio = SZ180HistPrices * Weight ;

% 投资组合的收益率
returnsPortfolio = tick2ret( pricesPortfolio, [ ], 'continuous' ) ;

% 投资组合最后一日的市值
marketValuePortfolio = pricesPortfolio( end ) ;

%% Historical Simulation programatically
% 历史模拟法程序
% 收益率在 1% 与 5% 的置信水平
confidence = prctile( returnsPortfolio, [ 1 5 ] ) ;

% 历史模拟法的可视化
figure ;
hist2color( returnsPortfolio, confidence( 2 ), 'r', 'b' ) ;
% 具体见 hist2color 程序
% 历史方法 99% 与 95% 水平的风险价值
hVar = - marketValuePortfolio * confidence ;
displayVar( hVar( 1 ), hVar( 2 ), 'hs' ) ;
```

其中函数 hist2color 的程序代码如下:

```
function hist2color(Y,cutoff,left_color,right_color)
% Highlight a specific set of bins in a histogram.
%
%     Copyright 2008 - 2009 The MathWorks,Inc.
%     Edited:Jeremy Barry 02/10/2009

% Organize Returns into historgram bins
[count,bins] = hist(Y,100);

% Create 2nd data set that is zero above cutoff point
count_cutoff = count. * (bins < cutoff);

% Plot full data set
bar(bins,count,right_color);
hold on;
% Plot cutoff data set
bar(bins,count_cutoff,left_color);
grid on;
hold off;
```

其中函数 displayVar 的程序代码如下:

```
function displayVar(onePercent,fivePercent,method)
% Display the Value at Risk as with a percentage and dollar amount.
%
% Copyright 2008 - 2009 The MathWorks,  Inc.
% Edited:Jeremy Barry 02/10/2009

switch method
case 'hs'
    methodString = 'Historical Simulation';
case 'p'
    methodString = 'Parametric';
case 'mcp'
    methodString = 'Monte Carlo Simulation(portsim)';
case 'mcg'
    methodString = 'Monte Carlo Simulation(GBM)';
case 'mcs'
    methodString = 'Monte Carlo Simulation(SDE)';
case 'mcsec'
    methodString = 'Monte Carlo Simulation(by security)';
```

*177*

```
end
outString = sprintf('Value at Risk method:%s\n',methodString);
outString = [ outString sprintf('Value at Risk@ 99%% = %s\n',...
    formatCurrency(onePercent))];
outString = [ outString sprintf('Value at Risk@ 95%% = %s\n',...
    formatCurrency(fivePercent))];

disp(outString)
```

2. 历史模拟法运行结果

历史模拟法计算 VaR 的结果如图 12 - 6 所示。

Value at Risk method：Historical Simulation

Value at Risk@ 99% = ￥6125. 17

Value at Risk@ 95% = ￥2140. 50

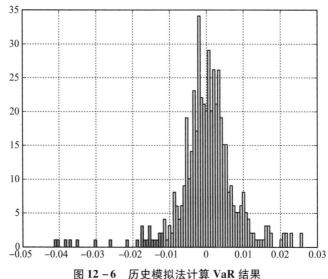

图 12 - 6　历史模拟法计算 VaR 结果

# 六、参数模型法的 VaR 计算

1. 程序设计

```
%% 计算投资组合风险价值（VaR）-2
% 本程序使用三种不同的方法计算投资组合风险价值
clear variables% 清空变量空间
load SZ180Prices. mat
%% Calculate return from price series
% 根据价格序列计算收益率
returnsSecurity = tick2ret(SZ180HistPrices,[],'Continuous');
```

```
%%Historical Simulation visually
%历史模拟方法，计算投资组合价值
pricesPortfolio = SZ180HistPrices * Weight;

%投资组合的收益率
returnsPortfolio = tick2ret(pricesPortfolio,[ ],'continuous');

%投资组合最后一日的市值
marketValuePortfolio = pricesPortfolio(end);

%%Parametric
%参数模型
%收益率在1%与5%的置信水平
confidence = prctile(returnsPortfolio,[1 5]);

%历史模拟法的可视化
figure;
hist2color(returnsPortfolio,confidence(2),'r','b');
%计算99%与95%水平的风险价值，假设收益率服从正态分布。
pVar = portvrisk(mean(returnsPortfolio),std(returnsPortfolio),[.01.05],...
       marketValuePortfolio);
%画图
displayVar(pVar(1),pVar(2),'p')
```

2. 运行结果

参数模型法计算 VaR 的结果如图 12 - 7 所示。

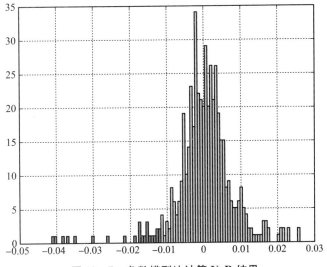

图 **12 - 7** 参数模型法计算 **VaR** 结果

Value at Risk method：Parametric

Value at Risk@99% = ￥3420.12

Value at Risk@95% = ￥2400.51

## 七、蒙特·卡罗模拟法的 VaR 计算

1. 程序设计

%% 计算投资组合风险价值（VaR）-2

% 本程序使用三种不同的方法计算投资组合风险价值

```
clear variables% 清空变量空间
load SZ180Prices.mat

%% Calculate return from price series
% 根据价格序列计算收益率
returnsSecurity = tick2ret(SZ180HistPrices,[],'Continuous');
%% Historical Simulation visually
% 历史模拟方法，计算投资组合价值
pricesPortfolio = SZ180HistPrices * Weight;

% 投资组合的收益率
returnsPortfolio = tick2ret(pricesPortfolio,[],'continuous');

% 投资组合最后一日的市值
marketValuePortfolio = pricesPortfolio(end);

%% Monte Carlo using portsim
% 蒙特·卡罗方法
[marketValuePortfolio,weightsPortfolio] = getPortfolioWeights(...
    SZ180HistPrices,Weight);
% 具体参见 getPortfolioWeights 程序。

numObs = 1;   % 样本个数
numSim = 10000;   % 模拟次数
% 预期期望与方差
expReturn = mean(returnsSecurity);
expCov = cov(returnsSecurity);
% rng Control the random number generator
%——rng(12345)
% 生成资产收益率矩阵
simulatedAssetReturns = portsim(expReturn,expCov,numObs,1,num-
Sim,'Exact');
```

% 指数收益率

simulatedAssetReturns = exp( squeeze( simulatedAssetReturns ) ) − 1;

mVals = weightsPortfolio * simulatedAssetReturns;

mVar = − prctile( mVals * marketValuePortfolio, [ 1 5 ] );

% 可视化模拟组合

plotMonteCarlo( mVals )

% 风险价值

displayVar( mVar( 1 ) , mVar( 2 ) , 'mcp' )

%% 使用 GBM 对象进行蒙特卡罗模拟

expReturn = mean( returnsSecurity );

sigma = std( returnsSecurity );

correlation = corrcoef( returnsSecurity );

X = SZ180HistPrices( end, : )';

dt = 1;

numObs = 1; % Number of observation

numSim = 10000; % Number of simulation

% ——　rng( 12345 )

GBM = gbm( diag( expReturn ) , diag( sigma ) , ' Correlation ', correlation, 'StartState ', X );

% Simulate for numSim trials

simulatedAssetPrices = GBM. simulate( numObs, 'DeltaTime ', dt, 'ntrials ', numSim );

simulatedAssetReturns = tick2ret( simulatedAssetPrices, [ ], 'continuous ' );

% simulatedAssetReturns = squeeze( simulatedAssetReturns );

simulatedAssetReturns = exp( squeeze( simulatedAssetReturns ) ) − 1;

gbmVals = weightsPortfolio * simulatedAssetReturns;

gbmVar = − prctile( gbmVals * marketValuePortfolio, [ 1 5 ] );

% Visualize the simulated portfolios

plotMonteCarlo( gbmVals )

% Value at Risk

displayVar( gbmVar( 1 ) , gbmVar( 2 ) , 'mcg ' )

function [ portfolioMarketValue portfolioWeights securityMarketValue lastPrice ] = getPortfolioWeights( prices, positions )

% Compute the portfolio market value, the security market value, the weight

% for each security in the portfolio and the last price of the security.

```
%    Copyright 2008 - 2009 The MathWorks,Inc.
%    Edited:Jeremy Barry 02/10/2009

portfolioMarketValue = prices(end,:) * positions;
securityMarketValue = prices(end,:). * positions';
portfolioWeights = securityMarketValue/portfolioMarketValue;
lastPrice = prices(end,:);

function plotMonteCarlo(returnSeries)
% Plot all of the simulation returns from the Monte Carlo simulation.
%
%    Copyright 2008 - 2009 The MathWorks,Inc.
%    Edited:Jeremy Barry 02/10/2009

percentiles = prctile(returnSeries,[1 5]);
hist(returnSeries,100)
var1 = line([percentiles(2) percentiles(2)],ylim,'color','g','line-
width',2,'displayname','VaR@5%');
    var2 = line([percentiles(1) percentiles(1)],ylim,'linestyle','--','
color','g','linewidth',2,'displayname','VaR@1%');
    title('Simulated Returns')
    xlabel('Simulated Return')
    ylabel('Number of Observed Returns')
    legend([var1 var2])
```

2. 运行结果

蒙特·卡罗模拟法计算 VaR 的结果如图 12 −8 所示。

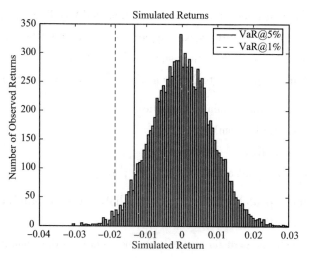

图 12 −8　蒙特·卡罗模拟法计算 VaR 结果

Value at Risk method：Monte Carlo Simulation （GBM）

Value at Risk@99% = ￥3464.43

Value at Risk@95% = ￥2451.18

**本章小结**

1. 所谓 VaR，按字面意思解释就是"按风险估价"，即正常波动情形下对投资可能损失的一种统计测度。在已知投资的未来收益分布的条件下，在给定置信水平下的投资的值即为 VaR。VaR 作为金融机构的风险评估指标，有特殊的应用价值。

2. VaR 在 1993 年由国际清算银行引入，国际上许多大的银行都用 VaR 计算交易下的可能损失。VaR 用于投资组合计算的基本思想和步骤包括：辨识市场因子，并将证券组合中的每一证券价值用市场因子表示；推测市场因子未来某一时期的变化情景；由市场因子的未来情景估测证券组合的未来价值（Market-to-market）；求出损益分布，在给定置信度下计算出 VaR 值。

3. 同情况下计算 VaR 的方法不同，大体上可分为三大类：历史模拟法、蒙特·卡罗模拟法和分析方法。历史模拟法是一种简单的基于经验的方法，它不需要对市场因子的统计分布作出假设，而是直接根据 VaR 的定义进行计算，即根据收集到的市场因子的历史数据对证券组合的未来收益进行模拟，在给定置信度下计算潜在损失。蒙特·卡罗模拟法与历史模拟法类似，它们的区别在于前者利用统计方法估计历史上市场因子运动的参数，然后模拟市场因子未来的变化情景，而后者则直接根据历史数据来模拟市场因子的未来变化情景。采用蒙特·卡罗模拟法计算 VaR 时，存在两个重要缺陷：其一是计算量大。一般来说，复杂证券组合往往包括不同币种的各种债券、股票、远期和期权等多种证券，其基础市场因子包括多种币种不同、期限不同的利率、汇率、股指等，由此构成一个庞大的因子集合。即使市场因子的数目比较少，对市场因子矢量的多元分布进行几千次甚至上万次的模拟也是非常困难的。其二难以满足经济问题时变性的需求。蒙特·卡罗模拟的维数高、静态性法产生随机序列，均值和协方差矩阵不变，而经济问题中的变量都具有时变性，用静态的方法处理时变变量时必然会产生一定的偏差；而且传统蒙特·卡罗方法难于从高维的概率分布函数中抽样。分析方法是在假定市场因子的变化服从多元正态分布情形下，利用正态分布的统计特性简化计算的方法。

4. 条件在险价值 CVaR 具有可操作性又满足一致性公理，特别是考虑左尾损失极值的风险测度。在投资过程中，对现有指标的熟悉与判断固然重要，但这只是一个基本的要求，经过多年的投资经验积累和思考，应该有自己特有的投资心得，并把它转化成自己独有的财富，以更好地、更高效地得出符合自己投资期望的观察点。

**复习思考题**

1. VaR 比较适于度量哪一类金融风险，应用该指标作为风险估值应该注意哪些方法的问题。

2. 采用某个方法，选择一个局部金融市场，估计其风险价值。

# 第十三章
# 线 性 规 划 实 验

**【实验目的与要求】**

◇ 了解线性规划基础知识；

◇ 掌握 linprog 函数的使用；

◇ 掌握线性规划求解资产组合问题的计算方法。

## 第一节 线性规划基础知识

凸集合和凸线性规划是运筹学的支柱性理论，优化理论也是主要建立在凸集合和凸规划的基础之上。根据优化问题的可行解集合及目标和约束函数是否为凸，可将优化问题的解分为局部最优解和全局最优解。现在，优化算法种类繁多，根据其优化理论，将现有优化算法分为经典优化算法与启发式优化算法。运筹学及最优化的发展与其他科学理论的发展密切相关，如金融工程、数值计算等。

线性规划是运筹学中应用最广泛的模型之一。由于其理论与方法研究比较成熟，所以许多问题常借助线性规划模型来求解。自然科学和社会科学中许多问题都可以近似转化为线性规划问题。

## 一、基本概念

在现实生活中，许多重要的问题都涉及选取一个最好的目标，或者为达到这个目标而选择某些参数，确定某些值，这些问题都可以归结为最优化问题。对于一个最小值问题，其形式的描述为数学规划模型的一般形式，即

$$(\text{fs}) \begin{cases} \min f(x) \\ \text{s. t. } x \in S \end{cases}$$

其中，$S \in R^n$ 为约束集合或可行集；$f: S \rightarrow R$ 为目标函数；若 $x \in S$ 则称 $x$ 为问题（fs）的可行解。显然，只要改变目标函数的符号，最大值问题就可以转变为最小值问题，因此，在本章中都是以最小值问题为标准化问题，即优化问题的目标函数为 $\min f(x)$ 的形式。

## 二、线性最优化

线性最优化又称为线性规划，是运筹学中应用最广泛的一个分支，这是因为自然科学和社会科学中许多问题都可以近似转化为线性规划问题。

线性规划的一般形式为：

$$\min z = c_1 x_1 + c_2 x_2 + \cdots + c_n x_n$$

$$s.t. \begin{cases} a_{11}x_1 + a_{12}x_2 + \cdots + a_{1n}x_n \leqslant b_1 \\ a_{21}x_1 + a_{22}x_2 + \cdots + a_{2n}x_n \leqslant b_2 \\ \qquad\qquad\qquad \vdots \\ a_{m1}x_1 + a_{m2}x_2 + \cdots + a_{mn}x_n \leqslant b_m \\ x_1, \ x_2, \ \cdots, \ x_n \geqslant 0 \end{cases}$$

线性规划理论和算法的研究发展共经历了三个阶段，每个阶段都引起了社会的极大关注。线性规划研究的第一次高潮是著名的单纯形法的研究。这一方法是乔治·伯纳德·丹齐格（George Bernard Dantzig）在 1947 年提出的，它以成熟的算法理论和完善的算法及软件统领线性规划达 30 多年。随着 20 世纪 60 年代发展起来的计算复杂性理论的研究，单纯形法在 70 年代末受到了挑战。1979 年，苏联数学家日涅夫·哈奇杨（Leonid Khachiyan）提出了第一个理论上优于单纯形法的所谓多项式时间算法——椭球法，曾成为轰动一时的新闻，并掀起了研究线性规划的第二次高潮。但遗憾的是广泛的数值试验表明，椭球法的计算比单纯形法差。1984 年，卡玛卡（Karmarkar）提出了求解线性规划的另一个多项式时间算法。这个算法从理论和数值上都优于椭球法，因而引起学术界极大关注，并由此掀起了研究线性规划的第三次高潮。从那以后，许多学者致力于改进和完善这一算法，得到了许多改进算法。这些算法运用不同的思想方法均获得通过可行域内部的迭代点列，因此统称为解线性规划问题的内点算法。目前内点算法正以不可抗拒的趋势超越和替代单纯形法。

## 第二节  linprog 函数

linprog 函数在 MATLAB 优化工具箱 Optimization – Toolbox 中，针对线性函数模型。

$$\min f^T x \quad s.\, t. \begin{cases} A \cdot x \leq b \\ Aeq \cdot x = beq \\ lb \leq x \leq ub \end{cases}$$

where  f, x, b, beq, lb and ub  are

vectors  and  A  and  Aeq  are  matrics

linprog 函数计算算法：

（1）约束优化问题的拉格朗日乘法（即内点法）。该算法本章不讲，可以参看约束规划问题相关章节。

（2）单纯形法 Simplex。

Linprog 函数格式如下：

$[x, fval, exitflag, output, lambda] = linprog(f, A, b, Aeq, beq, lb, ub, x0, options)$

输入参数：

>> f：目标函数系数向量；

>> A：不等式约束系数矩阵；

>> b：不等式约束常数向量；

>> Aeq：等式约束系数矩阵；

>> Beq：等式约束常数向量；

>> lb：x 的可行域下界；

>> ub：x 的可行域上界；

>> x0：初始迭代点（这个与 linprog 使用的算法有关）；

>> options：优化参数设置。

输出参数：

>> x：线性优化问题最优解；

>> fval：最优目标函数值；

>> exitflag：算法停止原因；

>> output：优化结果的约束信息；

>> lambda：结果 x 对应的拉格朗日乘子。

输出参数说明如下：

（1）exitflag：返回算法迭代停止的原因。

>> 1 算法收敛于解 x，即 x 是线性规划的最优解；

>>0 算法达到最大迭代次数停止迭代，即 x 不一定是线性规划的最优解；

>> −2 算法没有找到可行解，即算法求解失败，问题的可行解集合为空；

>> −3 原问题无界，即最优解可能为正（负）无穷大；

>> −4 在算法中出现除零问题或其他问题导致变量出现非数值情况；

>> −5 线性规划的原问题与对偶问题都不可解；

>> −7 可行搜索方向向量过小，无法再提高最优解质量。

（2）Lambda：返回解的拉格朗日乘子与约束符合情况。

>>Lower 求得的解越下界；

>>Upper 求得的解越上界；

>>Neqlin 求得的解不满足不等式约束；

>>Eqlin 求得的解不满足等式约束。

（3）Output：返回算法信息。

>> Algorithm 计算时使用的优化算法；

>> Cgiterations 共轭梯度迭代次数（只有大规模算法时有）；

>> iterations 算法迭代次数；

>> Exit message 返回结束信息。

【例 13 −1】线性优化问题如下：

$$\min f = -x_1 - x_2 - x_3$$

$$\text{s. t.} \begin{cases} 7x_1 + 3x_2 + 9x_3 \leq 1 \\ 8x_1 + 5x_2 + 4x_3 \leq 1 \\ 6x_1 + 9x_2 + 5x_3 \leq 1 \\ x_1, \ x_2, \ x_3 \geq 0 \end{cases}$$

使用[x,fval,exitflag,output,lambda] = linprog(f,A,b,Aeq,Beq,lb,ub)的对应程序 Atest1. m 的代码如下：

```
f = [ −1, −1, −1]   % 目标函数系数
A = [7,3,9;8,5,4;6,9,5]   % 不等式约束的系数矩阵
b = [1,1,1]   % 不等式约束 Ax < b 中的 b
Aeq = [ ]   % 等式约束的系数矩阵（该问题无等式约束，Aeq 为空）
beq = [ ]   % 等式约束的 beq（该问题无等式约束，beq 为空）
lb = [0,0,0]   % 变量的下界
ub = [ ]   % 变量的上界（无上界约束，ub 为空）
[x,fval,exitflag,output,lambda] = linprog(f,A,b,Aeq,beq,lb,ub)
```

计算输出结果如下：

Optimization terminated. （优化算法计算结束）

x =

   0.0870

   0.0356

   0.0316　　　（最优解）

fval =

   -0.1542　　（最优解对应的函数值）

exitflag =

   1　　　　（算法收敛于解 x，即 x 是线性规划的最优解）

output =

   iterations：7（算法迭代 7 次）

algorithm：'large-scale：interior point'（使用的算法是内点法）

cgiterations：0　　（共轭梯度迭代 0 次，没有使用共轭梯度迭代）

message：'Optimization terminated.'　　（算法正常停止）

lambda =

   ineqlin：[3x1 double]

   eqlin：[0x1 double]

   upper：[3x1 double]

   lower：[3x1 double]

lambda.ineqlin = [0.0593,0.0079,0.087]（符合约束条件）

## 第三节　线性规划求解资产组合问题

【例 13-2】某资产组合中有 3 种资产，各资产收益率分别为 0.2、0.1、0.15。要求资产 1 与资产 3 权重之和小于资产 2 的权重，且没有卖空。求解使得上述收益率最大的投资组合。

首先确定目标函数为：

$$\max 0.2x_1 + 0.1x_2 + 0.15x_3$$

资产约束条件可写为：

$x_1 + x_3 \leq x_2$，$x_1 + x_2 + x_3 = 1$ 且 $0 \leq x_1$、$x_2 \leq 1$，$0.1 \leq x_3 \leq 1$

在 MATLAB 中执行如下命令：

```
>> f = [-0.2 -0.1 -0.15];   % 目标函数的向量
>> a = [1 -1 1];
>> b = 0;
>> aeq = [1 1 1];
>> beq = 1;
>> lb = [0 0 0.1];
```

```
>> ub = [ 1 1 1 ];
>> x = linprog( f,a,b,aeq,beq,lb,ub )
```
程序运行结果为:

Optimization terminated.

x =

   0. 4000

   0. 5000

   0. 1000

最后得出资产 1、2、3 权重分别为 0. 4、0. 5、0. 1。

**本章小结**

1. 在现实生活中，许多重要的问题都涉及选取一个最好的目标，或者为达到这个目标而选择某些参数，确定某些值，这些问题都可以归结为最优化问题。如果目标函数及约束条件均为线性的，则要解决的问题即线性规划问题。

2. 求解线性规划问题经常用到的函数是 linprog 函数。此函数在进行调用时要注意各个输入参数和输出参数的意义。

3. 线性规划可应用到寻找最优的投资组合问题，也涉及 linprog 函数的调用。

**复习思考题**

1. 生产计划问题。

假设某厂计划生产甲、乙两种产品，现库存主要材料有 A 类 3600 公斤，B 类 2000 公斤，C 类 3000 公斤。每件甲产品需用材料 A 类 9 公斤，B 类 4 公斤，C 类 3 公斤。每件乙产品需用材料 A 类 4 公斤，B 类 5 公斤，C 类 10 公斤。甲单位产品的利润为 70 元，乙单位产品的利润为 120 元。问：如何安排生产，才能使该厂所获的利润最大?

2. 求解线性规划问题:

$$\min f = 5x_1 + x_2 + 2x_3 + 3x_4 + x_5$$

$$\text{s. t.} \begin{cases} -2x_1 + x_2 - x_3 + x_4 - 3x_5 \leqslant 1 \\ 2x_1 + 3x_2 - x_3 + 2x_4 + x_5 \leqslant -2 \\ 0 \leqslant x_j \leqslant 1 \quad j = 1,2,3,4,5 \end{cases}$$

# 第十四章

# 二次规划实验

**【实验目的与要求】**

◇ 了解二次规划的基本原理;

◇ 掌握 quadprog 函数的调用方法;

◇ 掌握二次规划求解资产组合问题的计算方法;

## 第一节  二次规划基础知识及应用实例

## 一、二次规划简介

二次规划是非线性优化中的一种特殊情形,它的目标函数是二次实函数,约束函数都是线性函数。由于二次规划比较简单,便于求解(仅次于线性规划),并且一些非线性优化问题可以转化为求解一系列的二次规划问题,因此,二次规划的求解方法较早引起人们的重视,成为求解非线性优化的一个重要途径。

二次优化问题简称为 QP (Quadratic Programming) 问题(二次规划),标准形式如下:

$$\min q(x) = \frac{1}{2}x^T Hx + f^T x$$

$$\text{s. t. } A_1 x_1 \leqslant b_1$$

$$A_2 x_2 = b_2$$

其中,$H \in R^{n \times n}$ 为 n 阶对称阵,$f \in R^n$,$x \in R^n$。下标 1 表示不等式约束,下标 2 表示等式约束。

注:若 H 正定,则问题为凸二次规划问题,有唯一的全局解。

191

## 二、马柯维茨均值—方差模型

### (一) 理论背景

资产投资组合指的是投资者同时投资于多种证券，如股票、债券、银行存款等。投资组合不是券种的简单随意组合，它体现了投资者的意愿和投资者所受到的约束，即受到投资者对投资收益的权衡、投资比例的分配、投资风险的偏好等的限制。

现代资产组合理论最初是由美国经济学家哈里·马柯维茨（Markowits）于 1952 年创立的，是投资者对各种风险资产的选择而形成的投资组合。由于资产投资收入受到多种因素的影响而具有不确定性，因此，人们在投资过程中往往通过分散投资的方法来规避投资中的系统性风险和非系统性风险，实现投资效用的最大化。资产投资组合管理的主要内容就是研究风险和收益的关系。一般情况下风险与收益呈正相关的关系，即收益越高，风险越大；反之，收益越小，风险越小。理性的投资者在风险一定的条件下，选择收益大的投资组合；在收益一定的条件下，选择风险小的资产投资组合。

马柯维茨认为最佳投资组合应当是具有风险厌恶特征的投资者的无差异曲线和资产的有效边界线的交点。威廉·夏普（Sharpe）则在其基础上提出了单指数模型，并提出以对角线模式来简化方差—协方差矩阵中的非对角线元素。他据此建立了资本资产定价模型（CAPM），指出无风险资产收益率与有效率风险资产组合收益率之间的连线代表了各种风险偏好的投资者组合。根据上述理论，投资者在追求收益和厌恶风险的驱动下，会根据组合风险收益的变化调整资产组合的构成，进而会影响到市场均衡价格的形成。

### (二) 理论主要内容

马柯维茨认为投资者都是风险规避者，他们不愿意承担没有相应期望收益加以补偿的外加风险。投资者可以用多元化的证券组合，将期望收益的离差减至最小，因此马柯维茨根据一套复杂的数学方法来解决如何通过多元化的组合资产风险问题。

1. 假设条件

（1）证券市场是有效的，且不存在交易费用和税收，每个投资者都是价格接受者。投资者考虑每次投资选择时，其依据是某一持仓时间内的证券收益的概率分布。

（2）投资者的目标是在给定的风险水平上收益最大或在给定的

收益水平上风险最低。投资者根据证券的期望收益率估测证券组合的风险。

（3）投资者的决定依据的仅仅是证券的风险和收益。在一定的风险水平上，投资者期望收益最大；相对应的是在一定的收益水平上，投资者希望风险最小。

（4）投资者将基于收益的均值和标准差或方差来选择最优资产投资组合，如果要他们选择风险（方差）较高的方案，他们都会要求超额收益作为补偿。

2. 基本原理

利用马柯维茨模型，在承认市场是有效的，且在不考虑交易成本的基础上，将收益率作为衡量单只股票的收益指标，而将收益率标准差作为衡量单只股票的风险指标。当然，标准差越大，说明该只股票的投资风险也越大，反之亦然。而一种股票收益的均值衡量的是该股票的平均收益情况，收益的方差则衡量该种股票的波动程度，收益的标准差越大，代表收益越不稳定。两种及两种以上股票之间的协方差表现为这些股票之间的相关程度。它们的协方差为 0 时，表现为其中一个股票的变化对其他股票没有任何影响，即为不相关；协方差为正数时表现为他们正相关，协方差越大则正相关性越强；协方差为负数时表示他们负相关，协方差越大则负相关越强。

3. 主要内容

假定投资者有一笔资金投资两种风险资产，则投资者在证券 1 和证券 2 上的初期资产比例就是 W 和（1 − W）。随着两种证券相关性的不同，资产组合收益率的方差会发生变化，且相关性越低，组合的方差越低。因此，通过在这两种证券之间的适当比重，可以构造一个方差比原来两种证券方差都要小得多的资产组合。

（1）风险的度量。在一定时期内，资产收益率是该资产期初与期末价格差额的相对数，即：

$$r_{it} = \frac{(P_{it} - P_{it-1}) + D_{it}}{P_{it-1}}$$

其中，$r_{it}$ 为资产 i 在第 t 期的收益率；$P_{it}$、$P_{it-1}$ 分别为资产 i 在第 t、t − 1 期的期末价格；$D_{it}$ 为资产 i 在第 t 期的现金股利；t = 1，2，…，T。

对于任意资产而言，由于其未来的收益存在一定的不确定性，因此存在着风险。为了对其风险进行度量，可将资产的收益率视为随机变量，并根据其收益率概率分布的历史信息，利用收益率的均值和方差估计该资产的未来收益和风险，即：

$$\mu_i = E(r_i) = \frac{1}{T} \sum_{t=1}^{T} r_{it}$$

$$\sigma_i^2 = var(r_i) = \frac{1}{T}\sum_{t=1}^{T}(r_{it} - \mu_i)^2$$

$$\sigma_{ij} = cov(r_i, r_j) = \frac{1}{T}\sum_{t=1}^{T}(r_{it} - \mu_i)(r_{jt} - \mu_j)$$

对于由 N 种资产构成的资产组合 p 中，其收益和风险为：

$$\mu_p = E(r_p) = E(\sum_{i=1}^{N} x_i r_i) = \sum_{i=1}^{N} x_i \mu_i$$

$$\sigma_p^2 = var(r_p) = var(\sum_{i=1}^{N} x_i r_i) = X'\sum X$$

其中，$x_i$ 为资产 i 在资产组合 p 中所占权重，$X = [x_1, \cdots, x_N]'$，$\sigma_{ij}$ 为证券 i 与 j 收益率之间的协方差，代表证券间的相关程度，当 i-j 时表示证券收益率的方差；$\sum$ 为证券收益率的方差协方差矩阵。

不难发现，资产组合的收益是组合中各资产收益的加权平均，而资产组合的风险除依赖于组合中各资产风险和该资产所占权重外，还取决于各资产收益率之间的协方差。投资分散化原则就是根据不同资产间相关程度的差异对资产组合风险的影响，进行多元化投资以达到分散风险的目的。

（2）均值方差模型。马柯维茨根据资产组合收益与风险的关系，提出资产组合的选择原则，即在既定风险水平下，收益最大；或者在既定收益水平下，风险最小。依据这一原则，加入卖空与否的限制条件便可得到均值—方差模型。在不允许卖空的条件下的模型为：

$$\min \sigma_p^2 = \sum_{i=1}^{N} x_i^2 \sigma_i^2 + \sum_{i=1}^{N}\sum_{\substack{j=1\\j\neq i}}^{N} x_i x_j \sigma_{ij}$$

$$s.\,t. \begin{cases} \sum_{i=1}^{N} x_i \mu_i = \mu_p \\ \sum_{i=1}^{N} x_i = 1 \\ x_i \geq 0 (i = 1, 2, \cdots, N) \end{cases}$$

在允许卖空的条件下的模型为：

$$\min \sigma_p^2 = \sum_{i=1}^{N} x_i^2 \sigma_i^2 + \sum_{i=1}^{N}\sum_{\substack{j=1\\j\neq i}}^{N} x_i x_j \sigma_{ij}$$

$$s.\,t. \begin{cases} \sum_{i=1}^{N} x_i \mu_i = \mu_p \\ \sum_{i=1}^{N} x_i = 1 \end{cases}$$

## 第二节 二次规划函数的调用

### 一、quadprog 函数的调用

二次优化问题是指以目标函数为自变量的二次函数，约束条件全是线性函数的问题。

其标准形式为：

$$\min_{x} \frac{1}{2} x^{\mathrm{T}} H x + f^{\mathrm{T}} x$$

$$\text{s. t.} \quad A \cdot x \leqslant b$$

$$Aeq \cdot x = beq$$

$$lb \leqslant x \leqslant ub$$

其中，H，A 和 Aeq 为矩阵，f，b，beq，lb，ub 和 x 为向量。

在 MATLAB 中，二次优化问题用 quadprog 函数进行求解。

功能：求解二次规划问题。

格式：

x = quadprog(H,f,A,b)

x = quadprog(H,f,A,b,Aeq,beq)

x = quadprog(H,f,A,b,Aeq,beq,lb,ub)

x = quadprog(H,f,A,b,Aeq,beq,lb,ub,x0)

x = quadprog(H,f,A,b,Aeq,beq,lb,ub,x0,options)

x = quadprog(H,f,A,b,Aeq,beq,lb,ub,x0,options,p1,p2,...)

[x,fval] = quadprog(...)

[x,fval,exitflag] = quadprog(...)

[x,fval,exitflag,output] = quadprog(...)

[x,fval,exitflag,output,lambda] = quadprog(...)

说明：

x = quadprog(H,f,A,b)——返回向量 x，最小化函数 1/2 * x' * H * x + f' * x，其约束条件为 A * x ≤ b。

x = quadprog(H,f,A,b,Aeq,beq)——仍求上面的解，但添加了等式约束条件 Aeq * x = beq。

x = quadprog(H,f,A,b,Aeq,beq,lb,ub)——定义设计变量的下界 lb 和上界 ub，使得 lb ≤ x ≤ ub。

x = quadprog(H,f,A,b,Aeq,beq,lb,ub,x0)——同上，并设置初

值 x0。

x = quadprog( H, f, A, b, Aeq, beq, lb, ub, x0, options )——根据 options 参数指定的优化参数进行最小化。

x = quadprog( H, f, A, b, Aeq, beq, lb, ub, x0, options, p1, p2, . . . )——将参数 p1，p2 等直接输给 Hessian 乘子函数，如果存在，用 options 参数中的 HessMult 属性指定。

[ x, fval ] = quadprog( . . . )——返回解 x 处的目标函数 fval = 1/2 * x' * H * x + f' * x。

[ x, fval, exitflag ] = quadprog( . . . )——返回 exitflag 参数，描述计算的退出条件。

[ x, fval, exitflag, output ] = quadprog( . . . )——返回包含优化信息的结构输出 output。

[ x, fval, exitflag, output, lambda ] = quadprog( . . . )——返回解 x 处包含 Lagrange 乘子的 lambda 参数。

各变量的意义同前。

【例 14 - 1】求解：

$$\min y = ( x_1 + x_2 )^2 + ( x_1 + x_3 )^2 - x_1^2 - 2x_1 - 4x_2 - 6x_3$$

$$\text{s. t.} \quad x_1 + x_2 \leq 2$$
$$x_3 + x_2 \leq 3$$
$$x_1 + x_3 \leq 4$$
$$x_1 + x_2 + x_3 = 3.5$$
$$x_1, x_2, x_3 \geq 0$$

【实验内容与步骤】

第一步，化为标准形式：

$$\text{由} \quad y = x_1^2 + x_2^2 + 2x_1 x_2 + 2x_1 x_3 - 2x_1 - 4x_2 - 6x_3$$
$$= \frac{1}{2}( 2x_1^2 + 2x_2^2 + 4x_1 x_2 + 4x_1 x_3 ) - 2x_1 - 4x_2 - 6x_3$$

可知：

$$H = \begin{pmatrix} 2 & 2 & 2 \\ 2 & 0 & 2 \end{pmatrix}$$ 为不定矩阵，约束不必改动。

第二步，在编辑窗口建立一个存放各种信息的 M 文件。

【实验编程与结果】

输入如下指令：

H = [2 2 2;2 2 0;2 0 2];
f = [ -2 -4 -6];
A = [1 1 0;0 1 1;1 0 1];
b = [2;3;4];
C = [1 1 1];

d = [3.5];

xm = {0;0;0};

xM = [ ];

[x,y] = quadprog(H,f,A,b,C,d,xm,xM)

输出以下结果：

Warning：Large-scale method does not currently solve this problem for-mulation，switching to medium-scale method.

　>In C：\MATLAB6p5\toolbox\optim\quadprog. m at line 213

Optimization terminated successfully.

x =

　　0. 5000

　　1. 0000

　　2. 0000

y =

　　-8. 7500

## 二、二次规划求解资产组合问题

【例14-2】资产组合中有5种资产，各资产收益率和协方差矩阵如表14-1所示。

表14-1　　　　　　　各资产收益率和协方差矩阵

| 项目 | | 资产1 | 资产2 | 资产3 | 资产4 | 资产5 |
|---|---|---|---|---|---|---|
| 协方差矩阵 | 资产1 | 0. 02 | 0. 05 | -0. 01 | 0. 03 | 0. 05 |
| | 资产2 | 0. 05 | 0. 3 | 0. 015 | 0. 01 | 0. 03 |
| | 资产3 | -0. 01 | 0. 015 | 0. 1 | 0. 02 | 0. 01 |
| | 资产4 | 0. 03 | 0. 01 | 0. 02 | 0. 1 | 0. 015 |
| | 资产5 | 0. 05 | 0. 03 | 0. 01 | 0. 015 | 0. 15 |
| 预期收益率 | | 0. 2 | 0. 14 | 0. 12 | 0. 05 | 0. 07 |

要求：寻找最优投资组合，使得资产组合收益率为0.1，且该组合为方差最小资产组合。

输入以下指令：

H = [0. 02,0. 05,-0. 01,0. 03,0. 05;0. 05,0. 3,0. 015,0. 01,0. 03;-0. 01,0. 015,0. 1,0. 02,0. 01;…0. 03,0. 01,0. 02,0. 1,0. 015;0. 05,0. 03,0. 01,0. 015,0. 15]%各资产协方差矩阵

q = [0 0 0 0 0];

aeq = [1 1 1 1 1;0. 2,0. 14,0. 12,0. 05,0. 07]；　% 等式约束条件

197

beq = [1;0.1];

lb = [0 0 0 0 0];　　% 权重下界

ub = [1 1 1 1 1];　　% 权重上界

quadprog(H,q,[ ],[ ],aeq,beq,lb,ub)

输出结果为：

H =

| 0.2000 | 0.0500 | -0.0100 | 0.0300 |
| 0.0500 | 0.3000 | 0.0150 | 0.0100 |
| -0.0100 | 0.0150 | 0.1000 | 0.0200 |
| 0.0300 | 0.0100 | 0.0200 | 0.1000 |
| 0.0500 | 0.0300 | 0.0100 | 0.0150 |

Warning:Large-scale method does not currently solve this problem formulation,using medium-scale method instead.

> In quadprog at 267

In Untitled2 at 8

Optimization terminated.

ans =

0.1067

0.0743

0.3379

0.2984

0.1826

**本章小结**

1. 二次规划作为非线性优化的一种特殊情形，目标函数为二次实函数，约束函数为线性函数。应当了解二次规划的原理，只有对原理进行清晰的了解，才能熟练掌握。

2. 掌握马柯维茨均值—方差模型，并且将二次规划应用于最优投资组合的选择。

**复习思考题**

求解二次规划：

$$\min y = x_1^2 + x_2^2 - 2x_1 - 4x_2 - 6x_3$$
$$\text{s. t.}\quad x_1 + x_2 \leqslant 2$$
$$x_3 + x_2 \leqslant 3$$
$$x_1 + x_3 \leqslant 4$$
$$x_1,\ x_2,\ x_3 \geqslant 0$$

# 参 考 文 献

1. 邓留保、李柏年、杨桂元编著:《MATLAB 与金融模型分析》,合肥工业大学出版社 2007 年版。

2. 金斯伯格、王正林著:《问道量化投资:用 MATLAB 来敲门》,电子工业出版社 2012 年版。

3. 马孝先编著:《金融经济学》,清华大学出版社 2014 年版。

4. 张树德著:《MATLAB 金融计算与金融数据处理》,北京航空航天大学出版社 2008 年版。

5. 郑振龙、陈蓉主编:《金融工程》(第四版),高等教育出版社 2016 年版。

6. 郑志勇编著:《金融数量分析——基于 MATLAB 编程》(第三版),北京航空航天大学出版社 2016 年版。

7. Don L. McLeish. *Monte Carlo Simulation and Finance* [M]. John Wiley & Sons Inc Hoboken Nj, 2005.